史上最偉大的第一次

誰吃了第一顆生蠔?誰講了第一個笑話?
誰劃下了手術第一刀?
科學解謎人類史上最值得玩味的大發現

柯迪·卡西迪 *Cody Cassidy* —— 著

戴榕儀 —— 譯

謹以此書
獻給我的父母

過去 300 萬年的時間軸

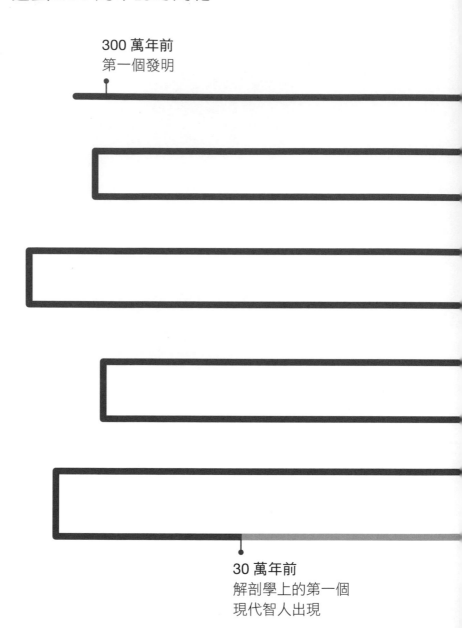

300 萬年前
第一個發明

30 萬年前
解剖學上的第一個
現代智人出現

 智人出現前的時代

 解剖學上現代智人出現後的時代

 190 萬年前
人類學會用火

16 萬 4000 年前
第一次有人吃牡蠣

64000 年前
第一把弓出現

過去 20000 年內的
事件詳列於下頁

10 萬 7000 年前
第一件衣物發明

39000 年前
最後一個尼安德塔人

33000 年前
第一幅名作誕生

過去 20000 年的時間軸

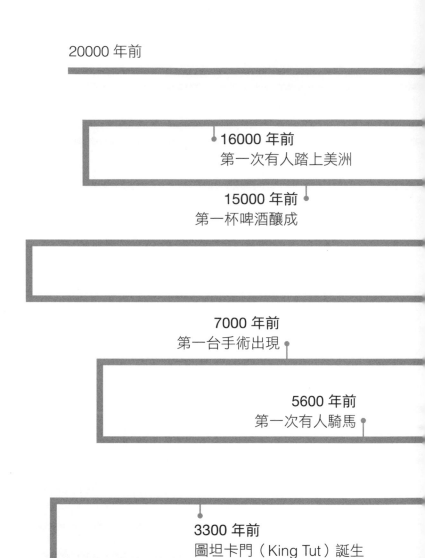

20000 年前

16000 年前
第一次有人踏上美洲

15000 年前
第一杯啤酒釀成

7000 年前
第一台手術出現

5600 年前
第一次有人騎馬

3300 年前
圖坦卡門（King Tut）誕生

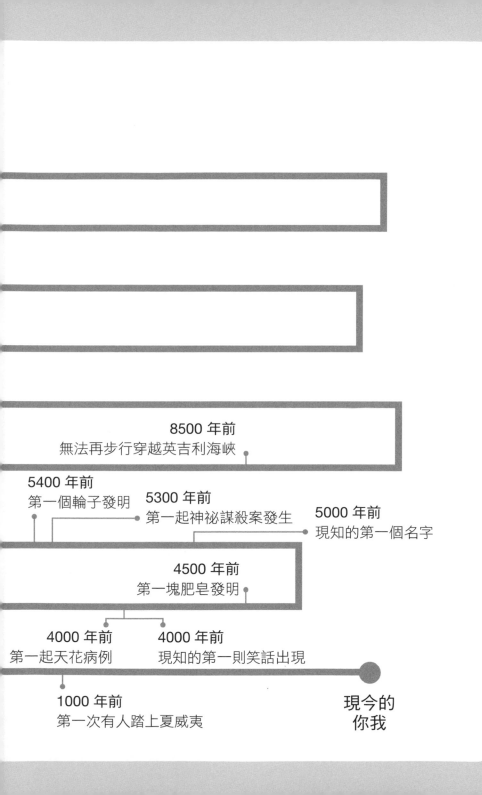

8500 年前
無法再步行穿越英吉利海峽

5400 年前
第一個輪子發明

5300 年前
第一起神祕謀殺案發生

5000 年前
現知的第一個名字

4500 年前
第一塊肥皂發明

4000 年前
第一起天花病例

4000 年前
現知的第一則笑話出現

1000 年前
第一次有人踏上夏威夷

現今的
你我

7000 年前
第一台手術出現

33000 年前
肖維洞穴發現第一幅名畫

5300 年前
第一起神祕謀殺案發生

39000 年前
最後一個尼安德塔人

16000 年前
第一次有人踏上美洲

15000 年前
第一杯啤酒釀成

1000 年前
第一次有人踏上夏威夷

300 萬年前
第一個發明誕生

16 萬 4000 年前
第一次有人吃牡蠣

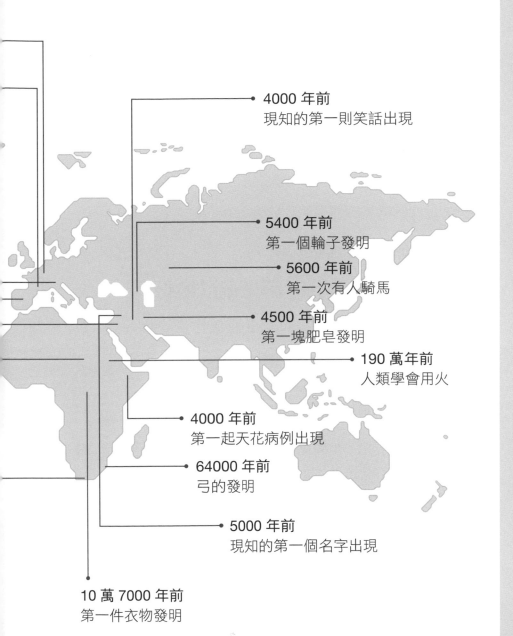

4000 年前
現知的第一則笑話出現

5400 年前
第一個輪子發明

5600 年前
第一次有人騎馬

4500 年前
第一塊肥皂發明

190 萬年前
人類學會用火

4000 年前
第一起天花病例出現

64000 年前
弓的發明

5000 年前
現知的第一個名字出現

10 萬 7000 年前
第一件衣物發明

目錄

前言

世上第一個吃下牡蠣的人，
是勇敢的英雄。

喬納森・斯威夫特（Jonathan Swift）

　　1991 年，全球最玄奇謀殺案的受害者，出現在義大利東北部的奧茲塔爾阿爾卑斯山脈（Ötztal Alps），海拔約 3200 公尺，距離奧地利邊境不到 5 公尺。約莫 5300 年前，這名暱稱奧茲（Ötzi）的男子背部被箭射中，在那之後，他的遺骸就成了人類從古至今研究得最仔細的屍體。2017 年秋天，我決定要前往探訪「謀殺現場」。雖然這是我第一次進行犯罪調查，但我心想，專辦他殺案件的優秀警探首先會做的，應該是先追查被害人生前最後的行蹤，於是我也就以此作為調查的第一步。

　　神奇的是，雖然這起謀殺事件發生在吉薩大金字塔（Great Pyramid of Giza）建成的約 1000 年前，我們卻還是有辦法追溯死者生前的行蹤。多虧科學家在他的消化系統中找到幾層花粉，並成功辨識出來源，所以我們對於奧茲死前那 12 小時的瞭解，比任何警犬能提供的資訊都來得精確。

奧茲人生爬的最後一座山位於現在的北義大利，是在一戰後才從奧地利割讓出去的區域。不過我到訪時發現，當地人好像沒被告知這件事似的：那兒的建築、食物、文化、指標，甚至是大家打招呼的方式，都完完全全是奧地利風格，讓我都不禁要打開地圖，確認自己有沒有跨過邊境。

　　我從一大清早開始跋涉，不久後就發現奧茲在遇害當天的體力一定很好。奧茲塔爾阿爾卑斯山和我習慣的內華達山脈（Sierra Nevada）山麓小丘不同，坡度並不是緩緩爬升，而是從河谷陡衝直上。即使奧茲選的是比較緩坡的路線，路上都還是有許多彎折的之字形山徑，往雪與霧裡爬升。

　　根據相關調查，奧茲是在山頂悠哉地享用完午餐後不久身亡，也就是說，他觀察氣象變化的本領應該比我高明許多。我抵達山頂時已開始下雪，濃霧也完全籠罩住整條路，我正在考慮要不要橫越重重危機，前往他的葬身處時，就看到幾位登山客替鞋子裝上冰爪，而且那是我當天第一次見到人跡。我只和他們隨口聊了幾句，但大家朝我腳上的網球鞋比劃了幾下之後，我們彼此心裡就都有了底：我要是再往前走的話，就可能要跟奧茲同葬在這座山上了。雖然距離謀殺案發處只剩下大約 400 公尺，但離家 9600 多公里的我也只得放棄，決定改為訪問曾研究過犯罪現場的考古學家就好。

那場夭折的謀殺現場尋訪之旅，是本書籌備計劃的一部分。這項大規模的計劃長達三年，一開始只是以人類史上最偉大的「第一次」為研究目標，但後來範圍很快就擴大到促成這些第一次的「個體」。我對史前發現懂得越多，就越是想瞭解成就這些發現的「人」，但史前記錄的重建多半只看群體（peoples），而不重個人（people），所以這些先驅經常完全被忽略。

　　因此，我開始深度探索歷史，尋找那些值得關注的個人。我訪問過百餘位專家，讀了數十本書和幾百份研究報告，從網路上買黑曜石來刮鬍子，探訪人類史上第一件偉大的藝術作品，用打火石和黃鐵礦來生火，用重製的古代弓來射箭，用壞掉的燕麥粥釀啤酒，還差點跟奧茲同葬在山中。

　　最後，我歸結出了 17 位古代人物：他們不是活在還沒有書寫歷史的年代，就是一輩子都沒用過文字。但學者可以確定這些人確實存在過，而且他們某些傑出或關鍵的行為奠定了現代生活的基礎。接著，我訪問了考古學家、工程師、遺傳學家、律師、占星師和釀酒師等各行各業的專家，想知道這些無名人士可能的身分、他們在想些什麼、在何處出生、說著什麼語言（也或許當時根本還沒有語言！）、穿什麼衣服、有怎樣的信仰、住在哪裡、是怎麼死的，又為什麼會有所發現，最重要的是，這些發現為什麼有意義。

從現代角度回顧數千年前的歷史，可能會覺得文化、技術與演化方面的變革都是沿著線性時間軸，一路順暢地發展：石器逐步被金屬器具取代，毛皮漸漸不敵紡織布料，人類也慢慢從採集漿果改為栽種作物。由於這些變化發生得很慢，所以我們經常會認定人類歷史是沿著必然的軌跡，以冰河移動般的速度緩慢演進，以為沒有任何個體能在過程中發揮重大的影響力。

但這只是現代視角造成的錯覺罷了。在這種「漸進」的觀點下，我們忘記了一個事實：技術——甚至是演化——往往都是斷斷續續地間歇發展而成，也向來都有某個人站在最前面打頭陣。滾動的圓木並不是自然而然地變成馬車，而是多虧了製造出輪子和輪軸的人才得以升級（許多學者認為這是人類史上最偉大的機械發明）；弓與箭也不是無中生有，歷史上之所以會出現這種高效武器，背後自然有其推手。由於書寫歷史能記錄的內容有限，我們無法確知這些發明家的姓名，但比起名字這種細節，現代科技能揭示的資訊其實更為詳盡，也讓我們得以深入瞭解史前時代的這些天才。

由於卡通造成的刻板印象和早期的諷刺漫畫所致，再加上許多人誤把智力和使用工具與技術的本領劃上等號，所以「史前」和「天才」這兩個詞似乎兜不上邊。雖然「史前」（prehistoric）的定義應該單純是「活在書寫記錄尚未出現的時代」，但搜尋後出現的第一個同義詞卻是「原始」（primitive），這刻劃出了很鮮明的印象：活在「歷史之光照耀大地」之前的，全都是不識字的野蠻人，是白癡，是住在黑暗洞穴裡的山頂洞人，一邊猛塞長毛象漢堡，一邊發出咕嚕聲。

　　不過這樣的畫面和多數刻板印象一樣，只要經過最簡單的考察就會破滅。所謂的「山頂洞人」（caveman），其實多半都不是真的住在洞穴裡，而且比起習慣糧食大規模生產和工作高度專業化的現代人，他們需要的知識可是廣博得多；不僅得對周遭環境有百科全書般的認識，每個人也都要懂得搜捕、採集、獵殺與工藝，吃的、住的和用的幾乎全部都得自己來。他們必須知道哪些植物會致命、哪些能救命，又是在什麼時節長在哪裡，還要瞭解獵物的季節性遷徙模式。我訪問過的某些學者曾表示，我們無法證明古代的天才比現代少，甚至有某些證據顯示，天才在遠古時期比現在更常見。

　　各位可能會覺得「史前時代就有天才」這種說法很有爭

議，甚至認為這只是憑空猜測，但其實不然。

　　史前時代和當今社會一樣，有笨蛋、白癡、毒蟲、叛徒、懦夫、流氓、壞蛋和一心尋仇的心理變態（我在書中會討論其中一些），但另一方面，也有可媲美達文西和牛頓的人物。這並不只是空口說白話的臆測而已，是可以驗證、考察的不爭事實，而且證據就畫在法國洞穴的牆上，刻在中東的陶板上，埋在俄羅斯的四個輪子上，在南太平洋的島上也找得到。牛頓因為發明微積分而獲得稱頌，那一開始創造出數學的人又該有多偉大？哥倫布因為無意間航行到美洲而廣受推崇，那早他 16000 年就知道美洲存在的先人又該怎麼說？而且在哥倫布（意外）發現美洲大陸的 500 年前，就已經有人找到了世上最偏僻的群島呢！

　　說是「史前」，意思就只是這些人的名字和故事沒有被記錄下來而已，他們的成就並不輸給後人，有些人甚至活得比我們更精彩。

　　其實大家早就該有這樣的常識了，尤其現代科學更是能將我們對史前時代的懷疑一掃而空。

　　一直到現在，都很少有人以史前時代的個體為主題寫作，其中一個原因在於能寫的素材不多。早期的考古學家是有找到骨骸和工具沒錯，但都並不足以說明這些東西的主人具有怎樣的個體性與動機，又是怎麼樣的人。

不過在過去數十年來，現代科學為遠古研究帶來了驚人的突破。在 DNA 復原與分析技術的加持下，古老的骨骸也開始訴說起嶄新的故事：說人類是如何在不宜居住的險峻環境中求生存，說瘟疫的起源，甚至還說到衣物的發明。古語言學家也重建出古代語言，用於追蹤史前族群的移動與生活方式，就連某些發明是在何處誕生也追查得出來，包括輪子最早是出現在哪裡，都有辦法推斷。

過去二十年來，傳統考古學也歷經劇變。新發現的數量暴增，導致作者往往會加上註記，表示在書籍寫成後但還沒出版的這段期間，很可能會有最新出爐的研究結果，請讀者見諒（沒錯，我這麼說就是要請各位海涵）。新的發現如雨後春筍，舊的成果又有新研究工具加持，所以撰寫史前時代的相關題材就變得像打地鼠一樣，令人有些手忙腳亂。

近來的人類學研究甚至揭示了古代人的心態，譬如加州大學聖塔芭芭拉分校的唐納・布朗（Donald Brown）和某些學者就指出，人類世界的數百種文化有某些令人驚奇的共通之處。舉例來說，巴布亞紐幾內亞（Papua New Guinea）的高地人和曼哈頓下城區的銀行家看似截然不同，但其實兩個族群的文化模式很像。布朗和其他研究人類共通點的人類學家歸結出了所謂的「普世文化通則」（human universals），這是一套非常具體且啟發性十足的人類特徵，在每一種文化中都觀察得到。

馬可·波羅在第 13 世紀的航行結束回到家鄉後，轉述泰國及緬甸的（Marco Polo）巴東族（Padaung）和克揚族（Kayan）有拉長脖子的習俗，嚇壞了歐洲人。不過，雖然戴頸環和西方人打領結似乎是基於完全不同的心態，但這兩種做法其實都是源自於人類對個體化和身體裝飾的共同渴望，要是馬可·波羅發現的群體中沒有任何人會裝扮自己，那才比較奇怪——事實上，至今還沒有任何人類學家發現過這樣的文化。布朗等人類學家歸納出了數百項普世文化通則，而身體裝飾就是其中之一。許多學者認為，如果要研究沒有遺跡殘留至今的古代文化，這些通則就是最佳輔助，即使無法彰顯出個體性，我們仍可從中看出整個群體的人類特質。

雖然目前已經有許多強大工具，可用於研究深埋在過去的一切，但有許多根本上的難題仍未能解決。有個問題我曾問過全球知名的兩大考古學家：智人（Homo sapiens）是從何時開始會講完整的語言，並以現代人類的模式思考，結果兩人的答案相差超過十萬年。我想，人類的過去就是有些晦暗不清，怎麼也看不透的地帶吧。

不過有了現代工具後，學者即使是推測，答案也比以往都來得有根據，讓我們更能瞭解古代人類史上最重要的人物、事件與第一次。

━━━━━━━━

我曾思考過人類史上有哪些奇特的第一次（許多人要嘗試詭異的新事物時，應該也有想過吧），但直到在讀到古埃及一位醫生的筆記前，我從來都沒有真正深入探究這個問題。那份筆觸精準的記錄是關於一名病患胸部的腫瘤，歷史學家認為這是目前已知的第一份癌症病例。醫生長而詳細地描述腫瘤的擴散後，下了一句簡單的結論：「無法治療。」

這位罹患古代癌症的遠古女病患是那麼地具體而獨特，讓我心中一陣感動。這份具體性和獨特性，是我在一般關於古代民族的敘述中找不到的，所以，我不僅開始探索人類在遠古時代的各種第一次，也希望能找出成就這些第一次的人究竟是誰。

這些第一次背後的推手是誰？他們做了什麼，又為什麼重要？這些就是本書要回答的問題。

簡要說明大數問題

你、我和世上的所有人，都很難真正體認到時間的亙古恆長，就連專家學者也不例外。一般人大概會覺得 20000、30000 和 300000 年都是「很久以前」，不太能分辨三者之間的差別。畢竟這麼久遠的年代實在太抽象、太不切實際，而且說到底，就算真能瞭解也沒什麼用；太空人在討論宇宙有多浩瀚、白矮星有多重時，也會遇到這樣的問題。人類心智本來就不擅長處理太過抽象的概念，所以我們碰到這種大到難以想像的數字時，很容易會以「超大」、「超遠」或「超久以前」這類的說法來形容，並匆匆帶過。

不過這就是問題所在：這些數字超大的年代在我們看來或許沒差，實際上卻很不一樣，而且就人類史而言，這些差異可說是意義重大。舉例來說，近來考古學者就發現在某些地區，智人和尼安德塔人同時存在了 5000 多年的時間——從書寫歷史出現到現在，也不過就這麼長的時間而已。許多人相信我們的古代遠親尼安德塔人是被聰明的智人滅跡，但審視 1000 年和 5000 年的差距後，就會發現情況並不是這麼簡單，而這也會迫使我們重新評估尼安德塔人經常被輕忽的智力。

要想瞭解不同物種和文化之間的關係，以及演化的本質，就必須能分辨大數之間的差別，所以我想了幾個方法來幫助各位。就時間而言，我有考慮過在數字前面加上貨幣符號，譬如把 1000 年變成 $1000 美元，希望把抽象概念變得具體一點。不過，後來我決定採取大家比較熟悉的時鐘倒數法（但前兩章明顯不適用，因為當中的事件都是早在人類演化而成之前就發生了）。從解剖學上的現代智人出現時起算，如果一天代表 30 萬年的話，那麼書寫歷史存在的時間，就等同於午夜前的那 30 分鐘而已。也就是說，前 23.5 個鐘頭都算是「史前時代」，估計有 15 億個無名人士都生存在那個年代。

有鑑於此，除非絕對必要，否則我一律不會列舉大數，而是會直接說明當代人的生活情況與背景。不過，有時我可能還是很難不談大到難以想像的數字，在這樣的情況下，各位不妨把「年」這個單位換成幣值或小時，或以時間軸來輔助，這些方法對我來說都很有效。

01

誰發明了
發明？

世上第一個發明家出現在 300 萬年前，

當時智人還沒誕生。

300 萬年前
第一個發明出現

　　1960年10月，當時26歲的珍·古德觀察到她暱稱為「灰
鬍子大衛」（David Greybeard）的黑猩猩，把一根長樹枝
的葉子拔光戳進白蟻窩，然後再抽出來把爬到上頭的螞蟻舔
掉。在灰鬍子眼中，那或許只是小點心，但對於當時認定只
有智人懂得使用工具的科學界來說，卻是驚天動地的莫大震
撼。珍·古德馬上用電報把消息發給古人類學家路易斯·李
基（Louis Leakey），而李基的回覆後來也廣為流傳：「現
在我們得重新定義工具和人類了，否則，就只能把黑猩猩也
歸類為人囉。」

就這樣，人類學家開始手忙腳亂地企圖重新定義智人，以彰顯出我們的獨特，最後的結論是：只有智人懂得使用工具來製造其他工具。灰鬍子大衛確實是剝光了樹枝的葉子，然後戳入白蟻窩沒錯，但只有「人族」（hominin，是個統稱，泛指智人以及與人猿分支後已滅絕的所有人類祖先）能夠發明用來拔葉子的特殊工具。我訪問過的許多考古學家都認為，制定計劃並使用複雜的器具來解決問題，不僅是人類的定義性特徵，在某些情況下，也是造就我們這個物種的關鍵。換句話說，人類的發明並不是演化的結果，反而可以用來解釋演化的路徑。在現代，我們一般都認為發明可以創造新的生活方式，並帶來從前沒有的經濟機會，但在遠古時代的某些例子當中，世上最早的發明家不僅提升了生活與經濟，還推動了演化發生。

　　最能反映上述看法的，莫過於世上的第一個發明；至於發明者，則是生存年代早在智人之前的遠古先祖。

　　世界上的第一個發明家是誰呢？

　　我稱之為「Ma」，因為這是位年輕的媽媽。她和其他發明家一樣，也遇到了需要解決的問題。

　　這位 Ma 出生於大約 300 萬年前，是南方古猿（Australopithecus），也是我們的遠古先祖，誕生在非洲，可能是東非地區。考古學家在當地發現許多十分集中的南方古猿化石，1974 年出土的著名遺骸「露西」就是其中之一。人類約莫是在距今 600 萬年前和黑猩猩及倭黑猩猩分支，300 萬年前的時候大概分到一半，所以 Ma 在外表和行為方面，都是智人和黑猩猩各半的綜合體。

她身高將近 120 公分，體重僅約 30 公斤，除了無毛的臉部以外，身體其他部位都長滿深色粗毛。Ma 吃的肉比現代黑猩猩多，但只吃屍體，並不獵殺，也會把植物根部、塊莖、堅果和水果當做副餐。從許多角度來看，現代人大概只會覺得她是會走路而且平衡感極佳的黑猩猩，只不過她使用石頭的方式比猩猩獨特、靈巧又有創意得多。Ma 為了吃腐肉而自製出輔助工具，把石頭削尖，以切斷骨頭取得骨髓，這樣一來，能吃到的東西就比其他食腐動物來得多。

雖然 Ma 是聰慧靈巧的人猿，但仍有可能淪為非洲虎的午餐。所以她白天會直立行走以尋找食物，但到了晚上，就會爬回樹窩以防範夜間的掠食者。考古學家曾在完整掠食動物化石附近的洞穴裡，發現南方古猿大腿和手臂的骨頭，這殘酷的證據清楚顯示出兩者之間的獵食關係。

對 Ma 虎視眈眈的掠食者種類很多，她因為不懂得用火，所以特別容易被近似於現代美洲豹的獵食者擒殺。不過，其實她在食物鏈中的位階很低，有時就連老鷹都會用南方古猿來飽餐一頓。

但不會生火、控制火還有一個遠比這更嚴重的後果：她只能生食。

與煮熟的食物相比，消化系統能從生食中吸收的熱量較少，而且沒煮過的東西比較難咬，所以 Ma 花在蒐集食物和進食的時間，都比現代智人來得多。現在的黑猩猩即使牙齒大、下顎力量也很強，每天仍得花上 6 個小時來咀嚼生食。相較之下，人類則因為食材已煮熟，所以平均只需短短 45 分鐘，就可以吃完一整天所需的餐食。菜單裡只有生食，代表 Ma 幾乎一整天都必須耗在找食物和吃東西，不僅得在曠野上四處找屍體和水果來吃，還得在樹上爬上爬下，躲避豹和老鷹。

而且她到了 10 多歲時，還生下了一個沒有行動能力，又吵又無助的孩子，導致生活變得更加困難。

智人嬰兒是演化史上的奇觀。多數哺乳類生下來以後，都已經能走路、小跑，或至少也有抓住母親的能力，為什麼呢？原因再明顯不過：新生兒如果無法跟在母親身旁的話，雙方都會有生命危險。捲尾猴出生後，幾乎馬上就能抓住母親的毛皮，至於腦部較大的黑猩猩則得隨身背著寶寶，但也只有最初兩個月的時間。相較之下，智人嬰兒卻有一年多的時間幾乎毫無行為能力，無法爬行、走路，甚至連自己的身體重量都撐不起來。就演化的角度來看，這似乎是天大的災難，但這項弱點其實是腦部過大的代價，偏偏大腦卻又是我們最出眾的優勢。嬰兒之所以會需要旁人照顧那麼久，其中一個原因在於人腦需要時間來建構好幾兆個突觸連結。對所有靈長類動物而言，腦容量和幼兒存活率都是魚與熊掌不可兼得，而每個物種也都找到了自己的平衡，所以考古學家想知道的是：智人為什麼會發展成現在這麼反常的狀態？

據推測，人族剛與黑猩猩分支時，寶寶出生後其實很快就可以抓住母親，但某個時間點之後，情況卻開始改變。我問過西雅圖太平洋大學（Seattle Pacific University）的生物學家卡拉‧瓦爾-薛佛勒（Cara Wall-Scheffler）：無助的人族幼兒是在什麼時候把年輕母親逼到臨界點的？她認為這樣的轉變是發生在將近 300 萬年前——當時人族開始用雙腳走路，使母親和新生兒的處境都變得很危險。

她的理由很簡單：開始用腳走路以後，幼兒要攀附在母親身上變得困難許多；此外，臀部必須縮窄，才能站直身體步行，所以也會使產道變小，換言之，寶寶的頭同樣得縮小才行。不過，人族的頭非但沒有比以前小，反而還加大；新生兒不但自理能力沒變強，還越來越無法照顧自己，完全與預期相反。現在，智人雖然是直立行走，但大腦與身體尺寸的比例在動物界卻名列前茅，這是很奇異的現象，所以生物學家也稱之為「智人直立矛盾」（smart biped paradox）。

如果要從演化角度來解釋的話，這個矛盾之所以會發生，可能是因為像 Ma 這樣的人族母親在妊娠較早期時，就將嬰兒產出——基本上，Ma 的寶寶早產了 2 到 3 個月，在頭還沒能長到比產道口大之前就生出來了，而且在 Ma 之後，早產的情況更是越來越明顯。智人如果要讓孩子成長到與黑猩猩相同階段才生產的話，必須懷孕 20 個月，這樣一來，不僅嬰兒的頭會大到擠不出產道，產婦也會太辛苦。正因如此，人類嬰兒出生後的前 7 個月都彷彿還待在子宮內一樣，雖然大腦每分鐘增加的突觸超過 10 億個，但卻無法照顧自己，必須全然依賴母親。

在 Ma 蒐集食物時，無助的寶寶帶給她的困難最為艱鉅。除了人以外，沒有任何雄性現代靈長類會分擔照顧幼兒的工作，所以她不太可能寄望孩子的爸幫忙；就算把寶寶放下，最多也只能放個幾秒，因為野外實在太危險，靈長類絕對不會把孩子丟在一旁。小孩要是在 Ma 去找食物時被丟下的話，反應大概會跟沒人照顧的現代嬰兒一樣，最後等到 Ma 回來時，大概也找不到了。

累積性證據顯示，Ma 在生產後的至少 6 個月內都必須把孩子帶在身旁，而且在走路的同時幾乎得時時刻刻搜找食物，很耗力氣。光是這點，就會對她的生命造成威脅。瓦爾 - 薛佛勒曾研究背負幼兒，會對 Ma 這種南方古猿身體造成怎樣的影響，並指出她將寶寶帶在身上時，所耗費的能量比平時多出 25%──養育孩子已經很辛苦了，但這樣的消耗代價更大。根據瓦爾 - 薛佛勒的估計，承擔小孩的重量實在太過費力，所以要想直立行走，就必須想出對策才行。

瓦爾 - 薛佛勒告訴我，Ma 的對策就是「發明」──這個革命性的創舉不僅改寫了人類物種的歷史，她發明的產物也可以說是古往今來影響力最重大的工具。

這項發明就是幼兒背帶。

這個背帶的製成材料應該很基本，可能就只是藤蔓簡單地繞個圈打結而已。雖然對 Ma 這種南方古猿來說，打結技巧似乎有點太過複雜，但其實所有大型猿類都會打結的技能，所以瓦爾 - 薛佛勒認為，「南方古猿確實有可能做出簡單的圈環。」

然而，想出背帶這個點子，或許比實際製作來得困難。要利用既有工具來做出新的工具，需要心理學家所說的「工作記憶」（working memory），基本上就是要能夠把資訊留存在心中，然後加以操控、運用。

　　人在生活中經常使用工作記憶。舉例來說，在商店買東西時可能會構思要煮什麼菜，來決定得買哪些食材；又或者在玩拼圖時，會先想像完成後的樣子，才能決定要怎麼拼。要做的事步驟越繁雜，需要的工作記憶就越多：火箭數千個零件之間的交互作用複雜，所以建置零件所需的工作記憶，自然比採買晚餐材料多，不過道理是一樣的。Ma 大概無法造出火箭，但孩子重重地壓在身上時，她想到了可能的解方，展現出了剛萌芽的複雜心理機制。

　　這條背帶或許只讓 Ma 輕鬆了一些，但在演化上的意義卻再重要不過。單單一條背帶，就幾乎能讓人族幼兒處於無能力狀態的時間無限延長。著有《人造猿類》（*The Artificial Ape*）一書的考古學家提姆西・泰勒（Timothy Taylor）表示，這不單只是改變了智人直立矛盾，還全然推翻了整個悖論──母親有了背帶以後，就可以早早在胎兒還未發展健全之前，先生下孩子，如此一來，矛盾也就不復存在了。背帶不僅減輕了 Ma 的負擔，還消除了演化機制對腦部大小的限制，也就是說，那條背帶改變了演化的軌跡。

　　這麼說聽起來可能有點誇大，但其實不然。要是沒有幼兒背帶的話，無助的人族寶寶可能早就被疲憊的母親擱在一旁，然後被美洲豹叼走了。珍‧古德指出，在小黑猩猩還無法緊緊依附在母親身上的那段期間（其實也只有短短兩個月而已），沒經驗的媽媽大概會失去一半的寶寶，所以從演化的角度來看，腦容量大又直立行走根本是死路一條，但這樣的生物卻好端端地存活了下來，這都得感謝幼兒背帶，也得謝謝 Ma。

當然啦，如果那條嬰兒背帶只有 Ma 使用，如果其他南方古猿媽媽對於她的發明都只是覺得好笑地瞟了一眼，那麼背帶對演化的進程根本不會造成任何影響，就只有 Ma 會過得稍微比較輕鬆而已。

但情況並非如此。

這項發明傳了出去。泰勒表示，在 Ma 之後不久，我們的祖先腦容量遽增，這樣的急速發展使母親在胎兒成長的更前期就生產——要是沒有背帶的話，根本不可能；另一方面，既然 Ma 的點子散播了出去，就代表南方古猿已開始懂得模仿，等到智人出現時，這項技能已發展成人類最強的本領了。

考古學家把這種能力稱為「社會學習」（social learning）。研究人員透過各種智力測驗來測試智人和黑猩猩的新生兒時，人類在社會學習方面展現出的天賦遠勝過猩猩。哈佛大學的人類演化生物學教授喬瑟夫・亨里奇（Joseph Henrich）表示，智人習慣模仿，會彼此觀察、學習，然後依樣畫葫蘆。基本上，就是聰明但毫無羞恥心的剽竊性物種，不過這並不是缺點，而是特點。

　　事實上，我們大概都沒有自己想像中的那麼能隨機應變，尤其是在生存這方面。亨里奇在《人類成功的祕密》（*The Secret of Our Success*）一書中指出，在澳洲的沙漠中和格陵蘭的寒冷凍土上，受困的人類探險家都曾留下悲慘的記錄，在幾乎所有的案例中，迷失於陌生環境的探險家都只有兩種下場：要不就是接受當地人的幫助，要不就是因為不知該如何應對而活活餓死。

　　亨里奇表示，由這些例子可見，人類現在之所以擁有超強的適應力，必須歸功於我們學習、模仿，以及累積各種小小創新的能力。如果人跟猿類一樣，在同類有靈感時視若無睹，現在大概仍困在最初生長的環境之中。但我們以驚人的模仿力鍥而不捨地學習，所以才有所突破。人類會監督群體中所有個體的每一點小進步，然後學習、採納，我們就像動物王國中不斷前進的科技轉輪裝置，透過一點一滴的小創新和集體剽竊持續進化。

　　在 Ma 的發明出現時，人族似乎已擁有優異的模仿技能

——其他南方古猿並沒有忽視或嘲笑她的新奇背帶，反而做了人族最擅長的事：學她用。

背帶這項人為發明廣獲採用後，不僅延長了孕期，也消除了腦部大小的限制，更拉近了母親與新生兒之間的距離：母親用背帶把孩子綁在身上以後，雙方可以長時間對視。雖然 Ma 還不會講完整的語言，但我們幾乎可以確定她跟黑猩猩一樣，已經能以簡單的方式溝通。

根據珍・古德對黑猩猩溝通模式的記錄，寶寶想騎到母親身上，或母親要孩子爬到背上時，雙方多半會發出「呼」的聲音。雖然這無法比擬智人親子之間那種經常性的叨絮，不過 Ma 對新生兒柔情發聲的頻率已越來越高，可能是發展出複雜溝通模式的先兆。所謂的「媽媽語」（motherese），是母親對孩子說話時那種旋律優美、起伏有致的聲調，像是「你怎麼～這麼～可～愛！」。這種成人模仿孩童說話的兒語模式，也是一種普世文化特徵，所有人類母親都會用高低交錯、韻律分明的聲音對寶寶講話，因此考古學家認為這種溝通方式源自遠古以前，有些語言學家甚至相信，這樣的童言童語能反映出早在語言出現前就已存在的原始語音。Ma 用世上的第一個背帶把寶寶綁到身上，每天凝視新生兒的雙眼時，可能也無意間永遠鞏固了母親和孩子之間的深刻連結。

而這道連結可能又促成了語言發展、提升社會化程度與智能，並帶來遠比背帶複雜的發明，不過這些發展都是在數千年後才成形。Ma 是減輕了自身負擔，並提升了孩子的存活機率沒錯，不過目前並沒有證據顯示 Ma 或其他南方古猿擁有較為複雜的社會關係，也沒有記錄能證明這些古猿會紀念或緬懷死去的同類，即使過世的是自己的母親也不例外。因此，Ma 雖然貴為世上第一位發明家，死去時也沒有誰會讚頌她的成就，甚至連埋葬都沒有；事實上，孩子大概還會直接把她的屍體抬去當做食物。

02

誰發現了
火？

火元素發現於 190 萬年前，
當時，智人還沒有出現。

190 萬年前
人類學會用火

　　在 1891 到 1982 年間，原本是醫生的荷蘭古人類學家歐
仁・杜布瓦（Eugène Dubois）在印尼的爪哇島上，發現了
大腿骨、臼齒和頭蓋骨，而這些遺骸的主人，是一種形體近
似智人的神祕遠古生物。杜布瓦曾發表著名言論，宣稱這種
他後來暱稱為「爪哇猿人」（Java Man）的生物，就是人類
與猿類之間「失落的連結」。

　　不過學術界人士對此發現並不是太興奮，沒有進而深入
探究就否定了這項理論，並開始熱烈討論杜布瓦有多可笑。
自然學家理察・萊德克（Richard Lydekker）撰文表示，

那頂頭骨的主人肯定是畸形；德國解剖學家威廉・克勞澤（Wilhelm Krause）則說杜布瓦這項發現確實很重大，只不過他發現的是新品種的長臂猿。

後來在 1921 年，考古學家約翰・安特生（Johan Andersson）和華爾特・格蘭傑（Walter Granger）在北京外圍的洞穴中，又挖出了另外 40 名個體的骨頭，而且幾乎和杜布瓦找到的完全相同，一直到這時，科學界才終於瞭解到杜布瓦發現的確實是驚人至極的證據，可以證實達爾文的人類演化論。

生物學家把這個新物種稱為「直立人」（Homo erectus），而且有好段時間認為這的確就是大型猿類演化成智人之前的唯一物種，不過在 40 年後，瑪麗・李奇（Mary Leakey）和路易斯・李奇（Louis Leakey）又發現了更古老的靈長類物種，並因為周遭有各種敲削過的石製工具，而取名為「巧人」（Homo habilis）。所以，直立人和巧人的關聯，就成了科學家必須解決的問題。

這兩個物種差異很大，因此一開始甚至很難確定是不是真的有關聯：爪哇猿人以打獵維生，睡在地上，體毛很少，腦殼遠比巧人大，頜部和胸部則小得多；至於巧人則是食腐動物，白天會在地面四處走動，晚上則睡樹窩，且全身都有毛髮覆蓋。許多生物學家認為應該直接把巧人從人屬（Homo genus）中移除，另一方面，直立人則和智人非常相似，像到萊德克以為兩者真的是同一個。

不過後來許多科學家都開始認為，確實有一群巧人在短到驚人的時間內，演化成了直立人。

所以究竟是什麼原因，使巧人轉變成截然不同的直立人呢？哈佛大學的靈長類動物學家理查‧藍翰（Richard Wrangham）認為，有一項單純的技能影響深遠，改變了整個物種，可以解釋巧人在形體上的所有改變：學會用火。

巧人和直立人雖然有諸多差異，但確實有一個共通點：他們都會將石頭敲削成尖銳的切割工具。這種古老工法是全世界最早的製程，直接催生出了刀子與箭頭，晚近的農神 5 號火箭（Saturn V）之所以能問世，恐怕也必須歸功於這個製程的概念。不過，遠比這些更重要的，是這道工法促成了火的發現。

達爾文認為除了語言之外，精通火的運用是人類史上最偉大的技能。不過，這麼形容似乎還有點太輕描淡寫了：雖然看似是人類掌控了火，但其實應該說是火讓人類得以生存才對；火不只是帶來便利而已，還使煮食變成了可能——這個最主要、最劇烈的轉變，形塑了人類的生活方式。

就最基本的層面而言，食物加熱後不僅會變軟，當中的化學鏈也會斷裂，所以咀嚼和消化工作都會變得輕鬆。這種方便聽起來或許很微不足道，但其實不然。食物中的肌肉、脂肪、蹄筋和纖維素越軟、越小塊，化學鍊分解的程度越高，腸道可吸收的能量就越多。無論是植物或動物性的糧食來源，與生食相比，煮熟後能提供的熱量都比原本高出 25% 到 50%。

因此，用火的技能帶來了大量的卡路里，人體長久以來也已習慣了這樣的狀態。智人演化成熟食動物，就好像長頸鹿因演化而習慣攝食高處的葉子一樣。現在，我們的下頜已不夠有力，牙齒和胃太小，腸道太短，大腦所需的能量又太多，所以根本不可能再回到沒有火的世界。根據目前的證據來看，智人如果只吃沒煮過的野外生食，最多只能存活幾星期，所以要是沒有熟食的話，人類就會面臨滅絕危機。

直立人和比較近似於猿類的巧人先祖之間，存在行為和身體方面的重大變化，但人類並不是因此而精通用火技術，反倒是火帶來了這些轉變。食物加熱以後，改變了人的形體，從古至今，沒有其他任何發明、發現或領悟能對人類造成如此深遠的影響，甚至未來也不太可能會有。另一方面，火跟語言不一樣，並不是逐漸發展而成，而是原本就存在，然後由某人所忽然發現。

所以發現火的，究竟是誰呢？

我稱她為「瑪婷」，名字是取自 17 世紀的法國地質學家瑪婷·貝特羅（Martine Bertereau）。之所以這樣取名，原因有二：就根本上而言，火算是地質學上的發現；另外，貝特羅曾因巫術罪名而被監禁——我們的瑪婷點燃世上第一把火後，旁人對她可能也會有相同的指控。

瑪婷是大約 190 萬年前出生於東非的巧人，生存年代遠早於解剖學上的現代智人出現之前。她身高差不多 120 公分，體重 30 公斤左右，腦容量約為現代智人的 40%；前額角度和緩，連接到凸出的下頜，裡頭的大牙咬起來遠比智人有力。有鑑於她的骨骼架構，我們可以看出她在人族從住樹窩演變成直立行走的過程中，是演化到一半的奇特產物：她的雙腳和臀部都已發展成適合走路的狀態，但手臂很長，肩膀的結構也仍適合爬樹。考古學家認為瑪婷多半是直立行走，白天會在非洲大草原上找堅果、漿果和屍體來吃，但晚上則會睡入樹窩，可能是為了躲避夜間的掠食者。

瑪婷在食物鏈中處於中階，而考古學家也經常發現帶有抓痕和齒痕的巧人骨骸。她的雙腿和阿基里斯腱都還太短，邁步時不夠有效率，所以還不像直立人可以長時間狩獵，再加上全身都覆有毛髮，只要長程奔跑，體溫很快就會過高。

她會吃肉，但應該跟現在的黑猩猩一樣，是隨機獵殺或尋覓腐肉；相較於直立人會長時間狩獵，瑪婷是以採集者和食腐者的角色生存——可以證明這點的不只有骨骼組成，還有帶條蟲（Taenia）這種現代寄生蟲的 DNA 分析。DNA 檢測結果顯示，帶條蟲源於土狼身上，但在大約 200 萬年前傳給了我們的祖先，差不多就是瑪婷生存的年代。當時，有個不幸的人族生物吃了羚羊屍體，偏偏已經有隻染上寄生蟲的土狼先吃過，因而被傳染了。

　　一般而言，動物王國的食腐者擁有能把肉撕裂的牙齒、鳥喙或利爪，如果沒有的話，很難分割肉類，所以瑪婷必須製作尖銳的石器來彌補這項不足。乍聽之下，這項工作似乎不太需要智力，但史丹佛大學考古學教授約翰・瑞克（John Rick）表示，瑪婷必須明確地知道石頭會如何碎裂、該敲哪裡、該怎麼敲，手又該怎麼握，所以要精準地把石塊削打成想要的形狀，其實比想像中難，要是沒有先看別人怎麼做的話，能自己想出辦法的人大概不多。

　　瑪婷在敲製石器時，還展現出一項更重要的生火相關技能：石器如果造得好，就也一定懂得分辨不同種類的石頭。她應該會選擇打火石或黑曜石這類易碎硬岩，砸在堅固的河岩上，以做出切割用的石器。

藍翰寫道，像瑪婷這樣的巧人敲了數千年的石器後，肯定敲出了幾次火花，這並不是什麼驚天動地的奇觀。

　　生存在非洲大草原上的大猩猩很熟悉火的存在，所以瑪婷對於火的用途和可能造成的破壞應該相當瞭解。塞內加爾的黑猩猩懂得閃避棲息地經常發生的野火，也能預測火會往哪裡燒，有時甚至會主動去找火，藉此在燒焦的草原上找尋煮熟的食物——所有哺乳類都偏好熟食，黑猩猩也不例外。

　　偏好熟食是一種深層本能。天擇機制使味蕾改變後，我們會偏好能提供較多熱量的食物，所以會覺得熟的馬鈴薯比生的好吃。把馬鈴薯煮熟，並不能增加食物裡的熱量，但腸道可吸收的卡路里會變多，所以我們才會偏好先煮過，而非生食。

　　有這種偏好的不僅僅是智人而已，其實所有哺乳類的消化系統都能從煮熟的食物中吸取較多熱量，所以除了人類以外，黑猩猩、甚至是老鼠如果能自己選擇的話，也都會擇煮熟的馬鈴薯來食用。有些學者認為，家犬原本是狼，會在早期人類的垃圾坑裡搜找剩下的熟食，最後消化系統也因為熟食這種新型態而歷經了演化，就像人類一樣。哺乳類普遍偏好熟食的現象顯示，黑猩猩等早期人族動物會刻意去找尋野火，甚至還可能會抱持投機的心態積存火種。

但趁機存下來的火不可能永遠燃燒不滅，而且直立人從東非遷徙到印尼時，腸道已演化成非熟食不可的結構，由此可以看出他們不只會存火，也已懂得在之前留下來的火種快要熄滅時，製造出新的火苗，所以一定是有人學會了控制火的技能。

瑪婷靈光閃現的時刻，並不是她敲出火光的那個當下，因為這個現象雖然少見，但應該不是第一次發生。事實上，她的聰明在於懂得探究：敲製石器時為什麼偶爾會有火光，可是大部分時間都沒有？這個問題的答案藏在地質學裡：要想靠敲擊石頭生火，原料的選擇很重要，選對了就很簡單，選錯則永遠不可能成功，而關鍵就在於二硫化鐵。

二硫化鐵是一種含鐵的硫化物，以許多不同型態存在。因為看起來跟黃金很像，所以有時又被稱為「愚人金」。愚人金的引火效果很差，但我試用同屬二硫化鐵的白鐵礦來敲擊石頭，幾分鐘後就生出了火。

自有考古記錄以來，人族一直都用二硫化鐵生火，譬如 5000 年前的冰人奧茲就在背包裡放了生火的工具組，裡頭有片狀二硫化鐵、打火石和火絨真菌；考古學家曾在比利時找到 13000 年前的塊狀二硫化鐵，上頭有凹陷痕跡，顯然是被用來生火；在 2018 年，萊頓大學（Leiden University）的考古學家安德魯‧索倫森（Andrew Sorensen）則在尼安德塔人 50000 年前的手斧上發現殘留的二硫化鐵，顯示他們會用鐵礦敲石器來生火。

二硫化鐵在全球都很常見，在東非也不例外。現在的衣索比亞北部有個內含鐵礦、銀礦和黃金的礦坑，距離肯亞庫比福勒（Koobi Fora）某些歷史最久遠的直立人骨骸只有幾百公里遠。想要生火的話，不能不用二硫化鐵（現在則可以使用鋼），換用別的元素都不可能成功，原因就在於其他種類的石頭欠缺一項關鍵元素：未曾暴露在空氣中的鐵。

鐵一旦接觸到氧氣，就會開始燃燒，大量的鐵慢慢氧化，其實就是一般熟知的生鏽。但如果是體積小而表面積大的鐵片，則化合物中的鐵會快速氧化，快到足以產生熱能、點燃火種。

黑鐵礦是一種易碎的深色岩石，容易被誤以為是河石，但其實敲開一看，就會發現它裡頭是未曾接觸空氣且金光閃閃的硫化鐵。如果瑪婷用來削尖燧石或黑曜岩的剛好就是黑鐵礦，地上勢必會灑滿未接觸過空氣的小鐵塊，要是她恰巧又是在乾草上敲製石器，那麼應該會意外引發大火。這樣的意外大概會引發恐慌，但有鑑於打製而成的石器數量很多，所以災害可能在所難免，不足為奇。不過，瑪婷想必也瞭解到起火關鍵在於這種內含閃亮石片的深色易碎鐵礦，而這無疑是人族史上最重要的領悟。

瑪婷這種人族生物的腦容量只有現代人的一半不到，所以各位或許會認為她智力不足，不可能領略出這樣的地質學知識，不過她確實已經可以分辨要用於打製石器的石頭種類了。另一方面，一般人或許也會懷疑我們的遠古先祖是不是真的懂得生火、存火，更關鍵的是，他們真的瞭解火為什麼會燒起來嗎？不過在 2005 年，靈長類動物學家蘇・薩維基-藍保（Sue Savage-Rumbaugh）只是提供火柴和棉花糖，受過訓練的雄性倭黑猩猩坎茲（Kanzi）就知道要收集火柴生火，把棉花糖烤來吃了，而坎茲的腦容量還只有瑪婷的一半而已呢。

火改變了人族生活的幾乎所有面向，即使是現代的狩獵採集者，在沒有火的情況下睡在滿是殘酷掠食者的非洲大草原上，都還是很危險，但骨骼證據又明確顯示直立人睡在地上，要是他們不懂得用火的話，這樣的現象實在很難解釋。瑪婷有了火以後，得以離開樹洞，睡在火旁，而人族也因而喪失了有利爬樹的特徵。

原本，毛皮的功能是在夜間保暖，但人族可以在有火的地方睡覺以後，就不再需要那麼厚重的毛皮了。毛髮較細的人族物種在打獵時，效率比全身覆蓋毛皮的動物來得高。事實上，智人每 6.5 平方公分的肌膚上，都有和黑猩猩一樣多的毛囊，只是我們的毛髮比較細而已。直立人散熱的能力勝過他們追逐的動物，就算覺得冷，也只要移動到火旁邊就行了。

此外，靠近火也讓人族變得比較友善。我們無法確知瑪婷能和其他巧人溝通到什麼程度，但幾乎可以確定火增強了她的溝通能力。由於她必須坐在靠近火的地方，以得到溫暖並把食物煮熟，所以不得不和同伴合作。要是行為殘暴、合作度低或性情不穩定的話，很可能會被群體驅逐，失去火源後，也就等於被判了死刑。漸漸地，個性穩定和值得信賴都成了具有生存價值的特點，而天擇機制也開始有利於較能應付營火社交的大腦，也就是說，火的使用對於腦容量較大、想法較善良的人比較有利。

腦容量大，需要的卡路里也較多，以現代人而言，大腦消耗的能量占了熱量總攝取的 20%。不過，火在這方面也很有幫助，不僅提升了瑪婷能從食物中攝取的熱量，也使她不再需要有力的頜部、大容量的胃和很長的腸道，徹底改變了身體資源的配置方式。

古人類學家萊斯利・艾洛（Leslie Aiello）和彼得・惠勒

（Peter Wheeler）曾提出「高耗能假說」（The Expensive-Tissue Hypothesis），指出直立人在腦容量成長了 30% 以後，之所以可以提供腦部增加的耗能，其中一個原因就在於他們消化系統中那些原本功能很強，但後來已變得多餘的部位都消失了。如果不是飲食型態完全轉變為熟食的話，大概很難解釋這麼劇烈的轉變。

此外，把食物煮熟也可以省時——這聽起來似乎有點矛盾，但雖然煮東西需要時間，咀嚼能量轉換率低的生食卻遠比這更耗時。黑猩猩花在吃東西的時間，是現代人的六倍，差異之所以這麼顯著，是因為生食比較難咬，而且每咬一口能攝取的熱量也比較少。根據艾洛和惠勒的估計，直立人比現代黑猩猩大，如果吃生食又要維持體重的話，每天得花上 8 小時來吃東西，所以開始熟食以後，一天就多出了好幾小時，而且證據顯示，直立人會把這些多餘的時間用來獵捕他們珍視的食物。

直立人狩獵的時間大幅增加，是熟食帶來的影響之一。藍翰表示，黑猩猩只有在剛好碰到獵物時才有肉可吃，平常並不會主動去打獵，因為很可能失敗，而且沒抓到東西就得餓肚子；至於瑪婷也是這樣，被獵的機率比狩獵成功來得高。

但直立人可就是狩獵者的角色了——在這個物種的聚

落，經常會有吃完東西剩下的零散骨頭；根據藍翰的說法，他們之所以有辦法去打獵，是因為即使什麼都沒抓到，傍晚回家時也還是能迅速地吃一餐熟食填飽肚子。

這些優勢都是在瑪婷生存年代之後的數萬年間，才因演化而出現，所以她當然連做夢也想不到。瑪婷終生都過著巧人型態的生活，不過餐食豐盛，所以應該心寬體胖，在吃得飽足又有火保護的情況下，她或許還很罕見地活到高齡呢。

各位可能認為瑪婷過世時，人族同伴應該會因為感念她的發現而加以紀念，或許還會將屍體火葬，來呼應她的成就。可惜的是，巧人並沒有崇敬死者的概念，所以雖然瑪婷是人族史上最偉大的先祖，同伴也不會為她舉行什麼儀式，大概就只會把屍體拖走，免得把食腐動物引到營火旁而已。

03

第一個吃牡蠣
的人是誰？

從本章開始的所有事件，

全都是發生在智人出現以後。

如果把人類在地球上生存的時間壓縮成一天，

那麼吃牡蠣這件事，

是發生在**早上 10 點 53 分**（16 萬 4000 年前）。

16 萬 4000 年前
第一次有人吃牡蠣

2007 年夏天，亞利桑那州大學（Arizona State University）的教授柯提斯・馬里恩（Curtis Marean）帶領一群考古學家在南非最南端探勘，發現了 16 萬 4000 年前智人聚落留下的化石證據。他們挖出古代營火殘留的炭、石器和紅色顏料，最重要的是，還有撬開的牡蠣——這是目前最古老的證據，可以證明有人奮勇吃下這種黏滑的生物。不過馬里恩認為，這些牡蠣殼遠遠不僅代表人類在食物方面越來越敢嘗試，對於生存在 10 萬多年前的一位科學家而言，這種食物更是釐清難解的不明天文現象所帶來的獎賞。

所以這位大膽挑戰吃牡蠣的科學偉人究竟是誰呢？

她叫「牡蠣女」（Oyster Gal）——至少我是這樣稱呼她的。各位或許會覺得這名字很胡來，但其實不然，而且甚至可能跟她的真名相去不遠。因為回顧過去，先人使用的多半是描述性的名字，像是「強生」（Johnson，也就是 son of John，意思是「約翰的兒子」）、「史密斯」（Smith，在英文中意為「鐵匠」）和「貝克」（Baker，「麵包師傅」之意），而不是隨機選擇聽起來悅耳的字。如果說這位科學家的名字也有實際上的意義，那還有什麼是比「牡蠣女」更貼切的呢？畢竟她可是創下先例，在潮間帶找到牡蠣後撬開了石頭般的硬殼，吃下裡頭那黏稠淡白的生蠔啊。

喬納森・斯威夫特曾在細細尋思後，留下一句名言：「世上第一個吃下牡蠣的人，是勇敢的英雄。」或許他說的沒錯，當時要吃下那一坨顏色慘淡的有殼生物，確實很需要勇氣，不過他這句話也不是完全正確：考古證據顯示，第一個吃下牡蠣的人並不是英「雄」，而是個大膽的女勇士。

就食物的取得方式而言，現代考古學家研究過的每一個狩獵採集部落都有性別界線。無論主要工作是落在狩獵者或採集者身上，這樣的界線都非常嚴格：一般來說，女性負責蒐集來源穩定的主食，像是堅果、漿果、植物的根和貝類，至於男性則通常得獵捕會跑、會飛或會游的生物。舉例來說，即使澳洲北部的熱帶島嶼提供豐富的食物可以採集，男性也很少幫忙；而在南美洲最南端的火地群島（Tierra del Fuego），大型海生哺乳動物是主要的食物來源，但即便如此，女性仍不會去打獵。

狩獵和採集之間為何會存在性別界線，考古學家仍未達成共識，但相關理論倒不是沒有，譬如藍翰就認為這是起因於用火的技能，說得更明確一點，是因為把食物煮熟需要時間。大猩猩吃東西時，會盡量以最快的速度吃完，以免被比較魁梧的同類搶走，如果說早期人族也有類似的行為模式，那麼煮食想必是體型最大的個體才有的專利，因此，根據藍翰的看法，女性為了爭取時間煮東西，和體型較大的男性形成了一種類似良民與黑幫的關係，透過繳交「保護費」來確保自己即使沒那麼健壯，也能交換到一些食物來吃。而男性晚上的餐食有著落後，即使打獵很可能失敗，也可以放心去追捕高價值的獵物，不必擔心餓肚子。這只是個理論，而且幾乎不可能證實，不過確實可以解釋男女性智人在食物這方面，為什麼會有在其他靈長類身上都觀察不到的奇特合作關係。此外，這個說法也能說明狩獵與採集之間的嚴格性別分野，讓我們可以推測採集牡蠣的應該是女性，所以世上第一個吃下牡蠣的，應該也是女人。

牡蠣女是智人，換句話說，如果她在公車上坐在你旁邊的話，你應該不會馬上發覺。她的身形、體態、臉蛋、頭髮和一般人相似，頭蓋骨、下頜、牙齒、骨盆和手腳的尺寸也跟我們差不多。以現代標準來看，牡蠣女或許有點矮，但姿勢和步伐看起來絕對很正常；為了阻絕非洲狠毒的陽光，她的皮膚已演化成無毛的深色，頭上則頂著暗色的短捲髮。

　　不過在衣著方面，她或許就會顯得有點奇特了。牡蠣女應該什麼也沒穿，就算有，各位大概也不會認為她穿的東西是衣服，畢竟那個年代的人還不懂縫紉，骨針也要到 10 多萬年後才發明。現在的研究人員認為，衣物和鞋子等物品都是在人類演化到很後期時才出現。人類學家埃里克・特林考斯（Erik Trinkaus）曾研究過古代智人腳趾的骨頭，他表示牡蠣女的腳趾比你我都強健許多，原因可能在於她必須在沒有鞋子支撐的情況下行走。特林考斯認為，智人的趾骨是因為被堅固的鞋子限制而萎縮，所以才遠比古代先祖來得小；另外，他也指出「現代」腳趾出現的時間點和骨針差不多，顯示智人是在牡蠣女生存年代很久以後才發明鞋子。

　　牡蠣女是成人，可能有孩子，但或許不多。人類學家理查・博沙・李（Richard Borshay Lee）曾研究在喀拉哈里沙漠（Kalahari Desert）以狩獵採集維生的桑族昆人（!Kung San People），並發現桑族女性每次生產之間至少會相隔四年。

不過，她們並未使用任何形式的避孕措施，所以間隔這麼久的原因並不清楚。蘿絲・芙萊希（Rose Frisch）和珍妮・麥克阿瑟（Janet McArthur）曾提出假說，指出昆族女性雖然健康，但體脂肪不夠，所以只要哺乳，就不會有月經。根據她們的理論，哺乳或許就是牡蠣女的天然避孕法。

牡蠣女如果有年幼的孩子，應該會和子女溝通，和同伴之間也一樣。不過究竟能溝通到什麼程度，考古學界仍有很大的爭議。著有《人類文化的誕生》（*The Dawn of Human Culture*）的史丹佛大學人類學教授理查・克萊（Richard Klein）告訴我，由於聚落中並沒有複雜的文化或技術遺跡，所以他認為牡蠣女時代的智人可能尚缺乏現代語言。在他看來，現代語言應該是源起於大約 45000 年前，當時的智人聚落突然出現大量的文化工藝品，不過那已經是牡蠣女之後很久的事了。這個年代的遺址含有清楚的證據，可讓我們看出當時的人類已經有現代行為，例如從事藝術、音樂，以及相信超自然現象等等。

另一方面，馬里恩則相信牡蠣女能流暢無礙地盡情做夢、大笑與溝通——「這個時期所說的語言，就跟我們的一樣豐富。」他這麼寫道。馬里恩曾在南非品納科高岬（Pinnacle Point）的洞穴裡，找到彩繪過的貝殼和天然顏料，並認為這就是證據，代表當時的人類已擁有象徵性思維，考古學家研究遠古文明在認知能力方面的現代化程度時，這種思維就是判斷依據；此外，馬里恩也指出，牡蠣女的許多工具都很複雜，如果沒有語言的話，根本不可能把製作技術傳下去。

一直到最近，多數考古學家都同意克萊的看法，馬里恩的觀點則屈居劣勢。這些學者認為，牡蠣女那個年代的人在認知方面和現代智人有很大的差異。不過，後來研究人員發現了品納科高岬洞穴的工藝品，以及可反映象徵性思維的其他古老遺跡，所以說到牡蠣女對世界的觀感和對語言的使用，眾家學者的意見又變得更加分歧。

牡蠣女勢必已擁有溝通能力，但溝通能力究竟有多強，學界仍在辯論。不過可以確定的是，當時的人還沒能發展出智人後來的重大技術創新。舉例來說，目前並沒有證據能證明牡蠣女會使用釣竿、漁網或划船，正因如此，那個年代的智人聚落才很少位於海岸線上。對牡蠣女來說，海洋就像食物沙漠，住在沙灘上會使她覓食的範圍縮小一半，根本毫無必要。在馬里恩看來，這恰好可以解釋為什麼在她之前，很少有人族會食用海洋生物，而且也沒有撬開的殼留下來；他也指出，這個現象的關鍵因素在於潮汐：牡蠣只有在退潮時會露出來，也就是說，一天有 95% 的時間都看不到，頻率很低又難以預測，可能就是因為這樣，早期的人族才不採集。「以狩獵採集維生的動物如果無法安排蒐集食物的時間，或是對於方法不瞭解的話，就絕對不會賴以為生。」馬里恩這麼說。

品納科高岬的洞穴裡沉積了大量牡蠣殼，清楚顯示牡蠣已成為當代人的主食，這可能是因為牡蠣女發現了預示牡蠣會出現的跡象。

牡蠣女成為世上第一個吃下牡蠣的人之前，可能就已經為了找其他東西，而到過海裡探險了──她要找的或許是沉睡的海龜、龜類的蛋，也可能是擱淺的鯨魚或正在休息的海獅。在品納科高岬洞穴的工藝品中，考古學家發現了桶冠鯨藤壺（Coronula diadema），這種藤壺只會依附在座頭鯨身上，所以出現在離海洋大約有五公里遠的洞裡，顯得不太尋常。由此可見，牡蠣女會出海，而且在某次抵達目的地時，剛好遇到水位超低的退潮，看見幾顆露出來的牡蠣，並敲開一顆，勇敢地吃了下去。

恕我對喬納森・斯威夫特不敬，不過這聽起來似乎不太像是什麼英雄故事。

會吃牡蠣的還有其他幾種動物，譬如現代狒狒就是其中之一，牡蠣女如果有觀察到的話，應該會對這種生物的可食性比較有信心。不過狒狒也會吃花和樹皮，所以像牡蠣女這種有經驗的採集者應該會謹慎考量，再決定要不要仿效其他動物的飲食。舉例來說，如果她學兔子吃下顛茄（Atropa belladonna）的幾顆果子，那不到一天內應該就會喪命。

話雖如此，看到別的動物吃牡蠣，或許還是會讓她比較有勇氣吃下去。把牡蠣煮熟則可能讓她更不害怕，畢竟熟食總比直接吃生蠔來得安全，而且牡蠣肉又皺又黏，難免會令人有些擔憂。

不過飲食上的膽識並不是牡蠣女最為人稱道的天才事蹟——就品納科高岬洞穴中找到的大量牡蠣殼來看，馬里恩認為她知道何時該出海採集牡蠣。

換句話說，她已經掌握預測海洋潮汐的方法了。

在南非海岸的最南端，水位超低的退潮只會發生在每月某幾天的某幾個小時內，而且頻率低還不打緊，就連實際狀況也很不固定。明明是同一個月內，高潮和低潮的水位和時間點卻都變化得很劇烈，有時潮差極小，有時又非常大，有好幾百萬年的時間，人族都摸不透背後的原因。但這也是情有可原：因為要想瞭解潮水漲落的模式，關鍵在於一個看似毫無關聯，平時根本完全不會想到的地方——也就是夜空。

造成海洋潮汐的主因是太陽與月亮的引力，兩者無論位在地球的同一邊或相反的兩面，只要和三個星體落在同一條直線上，日月就會同時拉扯地球的中心，引發滿潮與乾潮。牡蠣女很幸運，因為滿月和新月會洩露這個看似隨機的現象，也就是說，她不僅很敢吃，還懂得觀星。

　　夜空中那顆又大又白的神祕星體形狀總在改變，但這些形狀和海洋潮汐之間的關聯很不明顯，一直到現在，許多人都還是搞不懂，但牡蠣女卻瞭解，而且大概還因此成為了世上第一個實務的天文學家。一旦可以預測潮汐之後，她就能十拿九穩地安排要前進海洋的時機，而洞穴裡的證據也顯示牡蠣確實成了她穩定的主要食物來源。

　　牡蠣女發現月亮和潮汐有關後，如果有因而獲得稱頌的話，那或許也無法享受太久。就現代的壽命轉換表來看，身為古代女性的她雖然才 20 多歲，但其實已走到生命盡頭了。中密西根大學（Central Michigan University）的人類學家瑞秋‧卡斯帕里（Rachael Caspari）曾針對牙齒磨損狀況進行研究，並指出這個年代的智人即使能活過童年期，仍有三分之二都是 20 幾歲就過世，超過 35 歲的則少之又少。她確切的死因是什麼，我們說不明白，但至少可以頗為肯定地排除某些可能：現代人的主要死因在史前時代幾乎都不存在，因為那些多半都是老年人容易罹患的疾病（如癌症、心臟問題、中風），不然就是要有高密度的大量人口才能傳播（像是霍亂、傷寒和流感），而在牡蠣女的年代，這些條件都不存在。

真要說牡蠣女是為何而死，舉凡生產、瘧疾、意外、他殺和細菌感染等等，可能性都遠大於上述的現代疾病。或許她是在覓食的過程中被掠食者攻擊，也或許是大膽的飲食習慣終究讓她付出了代價。

她過世後，同伴可能有將她埋葬，但動機是為了要紀念她，又或者只是要避免吸引食腐動物，學界同樣還有爭議。考古學家曾發現年代比牡蠣女早，而且有埋葬的屍體，不過墓裡並沒有任何祭品或悉心照料的跡象，並不合乎人類後來發展出的普世文化通則。

能夠證明儀式性埋葬的最古老證據，是出土自以色列的一個墳墓。考古學家在裡頭發現了一具男屍，他胸前置放有野豬的頜骨，年代比牡蠣女晚 60000 年。因此，雖然牡蠣女貴為史前科學天才，解開了當代最困難的謎題，但同伴究竟有沒有為她舉辦追思儀式，我們實在說不準。如果有的話，希望放在她胸口的是牡蠣殼，如果形狀像新月的話，那就更棒了。

04

誰發明了
衣物？

如果把人類在地球上生存的時間壓縮成一天，
那麼衣物是發明於**下午 2 點 34 分**（10 萬 7000 年前）。

（非洲某處）
10 萬 7000 年前
第一件衣物出現

　　我們的人族祖先剛從黑猩猩和倭黑猩猩家族分支出來時，身上就只有一種依附於毛皮上的吸血寄生蟲，學名為 Pediculus humanus capitis，也稱頭蝨。這種生物在人族身上住了至少 600 萬年，至今都還存在人的頭髮上。不過，把我們當成宿主的並不只有頭蝨而已，在過去這 600 萬年間，還有另外兩種吸血寄生蟲也已相繼入侵，那就是陰蝨和體蝨。

　　大約 300 萬年前，人族祖先曾和大猩猩睡在同樣的地方，雖然可能不是同時，但還是因而染上了陰蝨。後來體蝨也出現了，但這種寄生蟲是依附於衣物，並不會寄生於毛皮，也因此，現在以人類為宿主的蝨子種類，是其他靈長類身上的三倍。

這段演化史聽起來髒穢不堪，但其實暗藏一線光明。多虧了這些寄生蟲，生物學家才得以回答這個看似不可能找到答案的問題：人類是在何時、何地，又是因為什麼原因開始穿戴衣物？

衣物是用有機材料所製成，不像石頭或骨頭會留下化石遺跡，所以長久以來，在源起方面都沒有定論。一直到近年來，許多考古學家都還是相信，人族的毛皮是在衣物發明後變得毫無用武之地，因此才逐漸消失。畢竟衣物的確可以視為拆卸式毛皮，所以學者才會認為人族是在某個時間點，開始改用可以隨需提供溫暖的衣物，來取代永久性的毛皮。這樣的假設聽起來很有道理，不過近來基因學家卻發現這理論錯得離譜。

2002 年，佛羅里達自然歷史博物館（Florida Museum of Natural History）的哺乳類負責人大衛・里德（David Reed）分析了一般頭蝨和體蝨的 DNA，發現二者並不是同時從單一物種分支出來的，其實應該是頭蝨直接演化成體蝨才對。里德認為，這可能是因為智人開始穿戴衣物後，也無意間為頭蝨提供了新的寄宿地點。他追溯蝨子趨異演化的時間點後，得到一個驚人的發現：人類祖先一絲不掛的時間長得令人吃驚。

里德表示，世上第一個穿戴衣物的人，生存於大約 10 萬 7000 年前，不過根據基因學家艾倫·羅傑斯（Alan Rogers）的判斷，人類祖先的皮膚早在約莫 120 萬年前，就已從猩猩般的淡粉紅色，轉變成可提供紫外線防護的深色調，也就是說，人族的毛髮在當時就已經很稀疏了。

在毛髮已經疏落，衣物又還沒發明的情況下，人族怎麼有辦法生存那麼久呢？更重要的是，究竟是誰終結了長達百萬年的裸露時代？

我把這個人稱為雷夫（Ralph），名字是取自時裝品牌 Ralph Lauren（雷夫·羅倫），因為證據顯示，雷夫鑽研衣物時，把時尚感和功能性看得同樣重要；至於性別我其實也不清楚，就只是丟硬幣決定稱做「他」而已。

雷夫是現代智人，大約 10 萬 7000 年前誕生於非洲（可能是南非）。許多研究人員相信，如果用時光機把雷夫送到當今的世界，現代人可以學會他的語言，而他也可以學會我們的。學者認為雷夫擁有現代人類的心智能力，能完全掌握象徵性思考，就認知層面而言，和我們並沒有差異。如果生長在現今的社會，要成為優秀的銀行家、服務生或律師，應該也都沒問題。

　　雷夫的外觀的確和現代智人很像，但樣貌上還是有些許奇特之處。我曾問過杜克大學（Duke University）的考古學家史蒂芬‧邱吉爾（Steven Churchill）：雷夫如果走在現代的人行道上，會不會引人側目？他表示和當今的男性相比，雷夫的「臉看起來更陽剛一些」，主要的差別在於他的眉弓很凸，這個特徵在現代人臉上很罕見。我們每個人的眉弓高低各不相同，但即使非常高，也不會超過鼻子；相較之下，雷夫的眉弓則毫不受限，而且跟臉一樣寬，顯得十分剽悍。內分泌學家認為，之所以會有這種看起來很嚴屬的特徵，是因為其睪酮素分泌得比現代人多；因此，眉弓凸出可視為侵略性的象徵。近來的研究顯示，一直到大約 80000 年前，我們的眉弓才開始慢慢內縮，當時的人開始重視眉毛的活動度，也因此能隨時表現出當下的情緒，而不再老是一臉生氣的模樣。邱吉爾說，雷夫的面相嚴肅會令人害怕，「但除此之外，我並不認為他有什麼地方和現代人很不一樣，會引人注目。」

　　雷夫發明衣物時，應該已經是所屬社群當中年紀較長、較有影響力的成員了。他平時會用長矛、投矛器和投石索打獵，只不過通常都不太成功。他會使用多種複雜的石器，包括用來刮獸皮的刀、手斧和矛狀尖刀，此外，也懂得利用有機材料將藤蔓編成繩子，用獸皮當做睡墊。雷夫會與其他智人及古代人族的群體鬥爭，可能只是因為害怕，也可能是為了搶奪資源與食物。

雷夫打獵時如果剛好獵到疣豬或者是鹿，會先分送給親人，再跟社群分享；要是當天大家都空手而歸，沒肉可吃的話，他會改吃植物的根或莖部，而且可能有所抱怨。傍晚時分，他會在營火旁與人閒聊，晚上則會講星星的故事，和孩子玩耍，盡情歡笑。

他在做這一切時都沒穿衣服，不過他並不冷。

智人之所以會怕冷，是生理反應的緣故。用考古學家伊恩·吉利根（Ian Gilligan）的話來說，就是因為顫抖和血液供給重新分配的機制「緩慢又沒效率」，所以多數哺乳動物都有毛皮。舉例來說，兔子可以生存在零下 49 度的環境，但如果把毛剃掉，則只能容受到零下 32 度。正因如此，人族毛皮消失和衣物發明之間的那百萬年空白，才這麼令人訝異。陸地上的其他哺乳類如果沒有毛皮，多半都生活在地底下，或是跟大象一樣，因為表面積和體重比很低而得以維持體溫；至於靈長類家族中，則沒有任何物種的毛髮像人一樣少。智人明明是恆溫動物，卻無毛又沒穿衣服，在這樣的情況下，究竟是怎麼生存的呢？答案其實跟人族毛皮一開始消失的原因相同，也就是「火」。

無毛又沒衣服穿的人族在火的幫忙下，生存了近百萬年。有了火以後，衣物出乎意料地變得可有可無，除非是在極冷的嚴寒地帶，否則並不一定要穿。人種學家曾對數個狩獵採集文化進行觀察研究，可以證明這個論點。

葡萄牙探險家斐迪南‧麥哲倫（Ferdinand Magellan）第一次沿南美洲的南岸航行時，水手發現當地的山終年積雪，冰河也直接流入大海，但雅加（Yahgan）和阿拉卡盧夫（Alacaluf）部族的人卻不穿衣服，而且似乎活得很自在舒適。他們保暖的方法是將動物油脂塗到身體上，並大量使用營火，用量大到水手把該地稱為「火地群島」（Tierra del Fuego，英文譯為 Land of Fire，字面上解讀即為「火之地」）。雅加和阿拉卡盧夫部族經常和有穿衣習慣的鄰族奧納人（Ona）交戰，所以他們並不是不知道世上有衣服這種東西，顯然只是認為沒必要穿而已。塔斯馬尼亞（Tasmania）的原住民也是如此，他們所在的氣候區遠比雷夫生存的地方冷，但也幾乎不穿衣服。

穿戴衣物並不是人類學上的「普世通則」，不像用火那樣，是所有人類文化中都存在的現象，不過打扮自己卻是通則之一,舉凡身體彩繪與改造、刺青、穿洞都不例外。從與世隔絕的巴布亞紐幾內亞部族到華爾街的銀行家,目前已知的所有人類文明都有自我裝扮的現象,普遍度極高,所以人類學家認為歷來和現代的所有智人文化都有這項特徵。雅加人不太穿衣,但會披精緻的斗篷、戴手鐲和項鍊,而且會彩繪臉和身體。人類學家認為,「個體化」和食物及遮蔽處一樣,是人類的基本需求。

人類內心深處的這項需求顯示,雷夫之所以會發明衣物,大概並不是因為需要取暖,也肯定不是為了維持符合現代西方社會標準的莊重外貌,而是因為心中有一股打扮慾,也就是會讓人想戴項鍊、耳環或刺青的那股慾望。換句話說,雷夫最初發明的衣物,其實可以說是時尚單品。

虛榮心是推動技術創新的有力因子,許多發明一開始都只是源於一己的私心,並沒有什麼實用價值,雷夫絕不是唯一的例子。這種類型的發明是以提升使用者的地位為主要目的,所以人類學稱為「名譽型技術」(prestige technology)。從陶器、布料,到大部分的金屬製品,人類史上的許多偉大發明一開始都很難產製;與其他可用於替代的器物相比,在使用上也沒什麼優勢,但卻因為難以製作變得罕見且昂貴,所以十分搶手。一直要到製程改良之後,紅銅和青銅等製品才開始有實用價值,而雷夫的發明可能也是如此。

雷夫最初做出來的，大概只是領帶這種不怎麼實用的東西，但卻確實滿足了人類內心深處的需求。後來，衣物隨著時間發展進化，成了智人在北半球嚴寒高緯地帶的生存必需品。智人在 50000 年前抵達歐洲時，可能已經會穿戴繁複的皮草和有內裡的外套了。根據考古遺址的骨骸來看，他們喜歡獵捕貂熊，這種動物的肉不多，但毛皮可用來禦寒，很受到珍視。在考古學家找到的衣物圖像中，最古老的是 24000 年前的一幅雕刻，刻的是一個人身穿一件有帽子且功能性極強的大衣。

不過在衣物發明史上，實用性是到晚近才開始受到重視。無論雷夫發明的究竟是什麼，應該都比較近似於領結那一類的東西，而不是上衣這種實穿的衣物。智人常會悉心打理外表，希望能塑造出使人害怕的模樣，所以雷夫可能是要去打仗，需要有東西可以穿戴；也或許他是要主持什麼起始儀式或典禮，所以要想辦法讓自己顯眼一些。他的衣物可能和雅加人偶爾會披的蓋肩斗篷一樣簡單，也可能更為奢華、更不實用。根據相關的民族學記錄，人類在衣著上有許多不切實際到很好笑的選擇，譬如假髮、領結和生殖器護盾等等，所以，要想確切猜出雷夫發明的究竟是什麼，簡直是癡人說夢。

可以確定的是，無論雷夫究竟發明了什麼，這個東西最後都成了流行，在某些情況下，甚至是不可或缺的用品。由於人類的毛皮退化，蝨子流離失所許久，一直寄生在人的頭髮上，但衣物發明後，幾隻頭蝨大概注意到了這種可脫卸式毛皮並決定勇闖新天地，希望能回歸遠古時代賴以為生的環境，結果就一直寄宿到現在了。

05

誰射出了
世上第一支箭？

如果把人類在地球上生存的時間壓縮成一天，
那麼這件事，是發生在**傍晚 6 點 48 分**（64000 年前）。

64000 年前
弓的發明出現

大約 40000 年前，在現今伊拉克東北部的札格羅斯山脈
（Zagros Mountains），一位年長的男性尼安德塔人在沙尼
達洞穴（Shanidar cave）附近，用他患有關節炎的雙足蹣跚
前行，這時，一個不知名的偷襲者祭出了致命的一擊：一件
小型石製武器穿進他的胸部，俐落地射穿了其第九根肋骨，
差一點就要刺入肺部。他的屍骨後來埋在洞裡，考古學家找
到後，發現骨頭有癒合的痕跡，顯示他撐過了最初的攻擊。
不過就骨骸的痕跡來看，他在幾週後便喪命，所以傷口可能
有危害到他的肺或引發感染。

尼安德塔人的骨頭有傷痕這件事本身並不特別稀奇，畢竟他們會獵捕冰河時期的大型長毛象，而且主要是用長矛來戳刺獵物，所以難免會有死傷。相關研究顯示，多達八成的尼安德塔骨骸都有嚴重創傷的痕跡。

　　不過上述的這道傷痕並不一樣。發現這具骨骸的考古學家將之暱稱為沙尼達3號（Shanidar 3），他們發現肋骨上的凹痕非常精準，幾乎像是手術刀切出來的，所以研判這個人並不是因為從某處摔落，或被長毛象用長牙攻擊而死；這些學者認為，最可能的致死武器是刀或長矛。

　　不過，這個傷口的細緻程度，讓杜克大學的一群研究人員產生了疑惑，畢竟刀和矛會帶來大量動能，通常會在骨頭上留下分布範圍很廣而且參差不齊的痕跡；相較之下，這個悲情尼安德塔男子身上的傷則顯得乾淨、準確許多。杜克大學的團隊為了測試石刀或石矛是否真能刺出這樣的傷痕，用了豬的屍體來做實驗。他們以石製武器或刺、或剖，或用矛丟擲，結果無論從什麼角度戳捅，無論投矛的動作有多輕柔，都無法重現沙尼達3號那道致命傷痕的軌跡和精準度。因此，他們得出了結論：造成這道傷痕的，是沿彈道軌跡拋射，且「質量小、動能低」的武器。也就是說，該名尼安德塔男子並不是被矛刺、被刀捅或摔死，而是考古學家至今發現的，第一個死於弓箭之下的受害者。

雖然沙尼達 3 號是尼安德塔人，不過殺他的並不是同類。目前並沒有相關證據，能顯示尼安德塔人曾製作或使用矛以外的彈道武器，這或許是由於他們腦容量不夠，也可能是因為在他們要對付的大型獵物面前，弓箭根本起不了作用。不過無論原因為何，有辦法射出這種傷痕的都只有一個物種：那就是我們智人。

　　兇手使用的武器應該是以多個組件製成，設計上充滿巧思，製作手法也很精妙：是一種新型木弓，以動物的筋腱為弦，可驅動輕量、筆直的箭，而箭的尖端則附有指甲大小的石頭。矛可用來破壞肌肉、擊碎骨頭，使目標失去行動力，相較之下，箭則會射進目標體內，刺入器官和動脈。雖然說矛對力量大的動物比較有效，但要對付人類這種體積較小的目標時，弓箭仍是最具優勢的武器。一直到火藥於第九世紀發明後，這種情況才有了改觀。

　　此外，弓的構造也遠比矛來得複雜。有些矛即使不對稱，但仍可以致命，反觀弓則必須做得完美無缺。用來攻擊沙尼達 3 號的弓應該是以硬木製成，而且形狀很精緻，因為要是有嚴重誤差，就會導致弦彎曲的弧度不一致，使武器變得脆弱或毫無作用。弦可能是以乾燥過的筋腱來製作，雖然細又滑順，但還是能夠承受強大張力。

製弓需要高等技能，而製箭的工法則可能更困難。即使只是搭配史前時代的弓，箭射出時都帶有超過 20 公斤的力量，而且還可能加速至每小時超過 160 公里。箭太硬或太軟的話，在弓旁擺盪的角度都會出錯，而且如果希望射出後能準確地擊中目標，箭身就必須要絕對筆直；直到史前時代這似乎是不太可能做出來的程度，只要與中心點的偏誤超過 1.5 毫米，箭就會在空中轉彎。

箭頭的體積要小，才不會破壞平衡，但邊緣必須削得如匕首般銳利，這樣才能刺肌入骨。古代弓箭手會融化樹的汁液，待凝固後小心地製成史前時代版本的強力膠，用來把小小的石製箭頭黏到木製箭桿上。

此外，弓箭手也必須十分熟練，只要角度或前導方向沒調整好，或是呼吸的時機不對，原本應該要無影無蹤的致命武器，就反而會洩露他們所在的位置，這樣一來，箭頭大概也無法射中沙尼達 3 號了。

無論射中沙尼達 3 號的是誰，這位弓箭手想必使用了一套工法臻於完美的武器。所以弓箭發明的年代應該是在更久遠以前，到此時已發展為相當進步的技術，可見謀殺沙尼達 3 號的兇手並不是最初的發明者。最早的弓箭應該和所有東西剛發明出來的時候一樣，還很原始、粗糙，而且重量輕、威力小又射不準，而製造出這種小型武器的人身材大概也很矮小。

我把這個人稱為阿奇（Archie）。

阿奇生存在大約 64000 年前，可能是住在南非東部的西布杜洞穴（Sibudu Cave）。這個洞穴位於現在的德班市（Durban）外圍，約翰尼斯堡大學（University of Johannesburg）的考古學教授馬萊茲‧隆巴德（Marlize Lombard）近來在此發現了 64000 年前的石製箭頭，是弓箭使用迄今最古老的證據。

阿奇生存於考古學家稱為「豪伊森山口」（Howiesons Poort）的文化時期，住在南非海岸線上的狩獵採集聚落。目前歷史最久遠的某些象徵性藝術，就是這些聚落的人留下來的，包括珠子、貝殼項鍊和小型雕刻等等。

阿奇是現代智人，如果讓他穿現在的衣服並坐在教室裡，很輕易就能融入其他同學。他會講我們能理解的完整語言，學習後也可以讀懂本頁的內容；擁有深色肌膚，微捲的頭髮很短，會披輕薄的動物毛皮，一來是裝飾，一來也是保暖，不過可能沒有穿鞋。

阿奇吃肉也吃根莖植物，肉類多半來自用小型陷阱抓到的小動物，但偶爾也會有水牛這種大型獵物。此外，他也會創作藝術：西布杜洞穴裡有許多紅色赭石，他應該會敲碎並加水製成顏料。雖然研究人員至今都未能發現那個年代的洞穴壁畫，不過紅赭石除了當顏料以外，並沒有其他什麼用途；阿奇如果沒用其在牆上畫畫的話，大概就是彩繪自己的身體了。

他會在貝殼和珠子上穿洞，應該是為了串成項鍊或綁到棍子上。這些可能用做裝飾或玩具的簡單藝術作品，或許可以回答一個令考古學家困惑不已的問題：弓的發明者到底是怎麼想出這個點子的？

弓的發明之所以顯得神祕，是因為這項武器的獨創性。人族的所有發明幾乎都是源於自然界的相似現象，發明家雖然機靈有創意，但其實仍是模仿眼前所見，譬如木頭滾動時啟發前人發明輪子，漂在水上時是船的靈感來源，藤蔓演化成繩子，石頭催生出手斧，而鳥則是飛機的原型。自然界經常提供點子，人類則負責製作。

不過弓與箭就肯定不是如此了。自然界並沒有什麼機制，是將能量儲存於彎曲的木頭，藉以把東西拋射出去，換句話說，這完全是人類獨創的發明。由此可見，弓箭的出現可能是意外，就跟智人許多充滿創意的發明一樣。

米莉安‧海德勒（Miriam Haidle）是德國圖賓根大學（University of Tübingen）的古人類學教授，在研究豪伊森山口時期的弓這方面，也是學界權威。「在我看來，發明出弓的人一開始應該有別的目的。」海德勒說。

　　抱持這種看法的，並不只有她而已。許多學者都認為弓這種東西實在太過原創、精良，不太可能在一時半刻的腦力激盪或靈光乍現後就做得出來。

　　所以弓會是在什麼情況下發明的呢？我問了海德勒，她表示有鑑於豪伊森山口的那些樹枝、筋腱和珠子，或許是阿奇在把珠子綁到枝上時，意外地把兩端綁在一起，就這樣製成了弓的原型。此物當做武器的話是完全沒用，不過樹枝自然彎曲的現象大概很新奇，阿奇應該會又拉又扯地測試他這個作品的張力，玩得很高興。如果他有用筋腱來發射珠子、貝殼和細枝的話，應該會覺得這把「弓」帶來了前所未有的樂趣，只不過沒什麼實用價值就是了。

　　要從阿奇那雖然好玩，但只能射珠子的無用玩具弓，進化成可以殺害沙尼達 3 號的繁複武器，需要長時間的精進與改良。譬如要選擇適當的木頭並加以塑形，把箭頭削尖並黏到箭上，此外，還要學習以最合適的方法把弓弦曬乾，當中的每一小步都涵蓋不可或缺的創新，而且可能也都是經過無數個世代才發展而成。所以弓為什麼能在智人文化中留存下來，使後續的各項改良成為可能呢？

答案或許很簡單：因為阿奇是小孩。相關研究一再顯示年輕的雄性靈長類喜歡拋射型玩具，從智人到長尾猴都不例外，所以阿奇可能是個小男孩。此外，學者也有充分理由相信最初的弓是娛樂消遣用的物品，新奇但沒有實際功能。換句話說，最早期的弓其實是玩具。

考古學家在描述出土自古代遺址的發現時，對於是不是應該使用「玩具」（toy）這個詞其實有些遲疑。馬克斯・普朗克學會人類歷史科學研究所（Max Planck Institute for the Science of Human History）的派翠克・羅伯茲（Patrick Roberts）在寫給我的信中表示，「確切能證明玩具存在的證據，就只有在埃及和美索不達米亞地區找到而已，年代是西元前 3000 年的都市時期。」當時文字已經發明，所以前人可以用「玩具」一詞明確地描述消遣用的物品，但如果是還沒有書寫記錄的年代，挖掘到的古物究竟是玩具還是宗教用品，考古學家可就很難分辨了。

不過只要是孩子，就都會玩耍，這不僅僅是人類的普世特徵，也是所有脊椎動物的共通點。史都華・布朗（Stuart Brown）創辦了國家玩樂學院（National Institute for Play），且大半生涯都在研究玩樂對於人類與動物心智健康的影響。我問到古代的孩子會不會玩耍時，他表示就目前的研究而言，很少有文化完全沒有嬉遊性的活動，而且「我們沒有理由認為書寫發明前的文化有任何不同，事實上，就某些證據來看，史前的人可能玩得更多。」

許多人對狩獵採集者都有刻板印象，認為他們生活貧苦，只能在殘酷的環境中勉強維生，但有力的證據顯示，狩獵採集者休憩的時間其實比務農和放牧族群來得多，即使是貧脊地帶的聚落也不例外。因此，休閒時光、玩樂與玩具在豪伊森山口時期的重要性，大概不亞於現代。

所以，阿奇玩樂的行為理應和現在世界各地的小孩相似，而且我曾問過《美國玩樂期刊》（*American Journal of Play*）的前編輯史考特‧艾伯若（Scott Eberle），他表示從玩具發展成武器其實是由來已久的現象，從迴力鏢到機器人和火箭，許多武器一開始都是玩具，後來才因製程改良而成為戰場上的利器。「就我的猜測，這是因為設計武器的靈感和玩樂的動機在大腦迴路中的傳遞路徑很接近。」艾伯若這麼解釋。

現代的兒童心理學家及雇用他們的玩具公司，會以「玩樂模式」（play pattern）一詞來描述兒童在不受指引的情況下所展現的行為。他們列出的項目不多，但光看前幾項，就可以找到「發射與丟擲」這十分典型的行為。對於這兩種動作的喜愛似乎是普世特徵，昆族和桑族的男孩會玩迷你弓箭，在本文寫成時，美國最暢銷的 20 款玩具中，也有 6 款都含有發射機制。

弓最後的確是成了殺人利器沒錯，但剛開始用做武器時，威力其實遠遠不如後來那麼強大。海德勒表示，就西布杜洞穴的那些弓而言，豪伊森山口文化的人主要應該是用來獵捕小型動物，像是只有 4.5 公斤左右的藍麂羚——這種迷你羚羊的骨頭四散在洞裡。

不過，有別於許多早期發明的是，弓幾乎是不斷地在改良。在 60000 多年間，智人持續提升弓的威力和精準度，原本只能在沙尼達 3 號肋骨上切出傷痕的武器，到了 1415 年的阿金庫爾戰役（Battle of Agincourt），已擁有摧毀法軍的威力。最後之所以會被取代，則是因為人類又從另一項看似無用的新奇發明中，看到了致命的可能，而這項發明就是煙火。不過有將近 64000 年的時間，弓箭都是戰場上的主要武器。

而這一切，全都是源於一個玩具。

06

誰畫出了世上
第一幅名作？

如果把人類在地球上生存的時間壓縮成一天，
那麼這件事，是發生在**晚上 9 點多（33000 年前）**。

● 33000 年前
世上第一幅名作出現

在法國西南部，有個坐落在阿爾代什河（Ardèche River）
上的洞穴，從該處可看見宏偉的蓬達爾克陸橋（Pont d'Arc）。
洞穴入口現在設置有鋼門保護，在門後的石灰岩牆上，是迄
今最古老的實體證據，可以證明古代也有藝術天才。

牆上的傑作是一幅畫，考古學家稱為「馬之石板」（Panel
of the Horses）。在 33000 年前，一位畫家獨自在燈下用炭
筆完成了這幅作品，後來也成了我們眼中無庸置疑的古代天
才。

大約有 5000 年的時間，肖維岩洞（Chauvet Cave）每隔一陣子都會有人跡，這些人陸續繪製出了 400 多幅畫。不過在將近 25000 年前，山崩把洞口給堵住，所以之後就沒有新的創作了。後來，這個富含藝術傑作的山洞始終無人聞問，一直到 1994 年，才由尚恩 - 馬利・肖維（Jean-Marie Chauvet）和一群探洞者發現。布拉德肖基金會（Brawshaw Foundation，以研究和保存全球的岩石藝術為使命）的藝術家兼編輯彼得・羅賓森（Peter Robinson）告訴我，肖維岩洞裡的所有畫作品質都很好，可能只有最頂尖的畫家有權利在牆上創作。

　　不過，在這高手如雲的洞穴裡，最亮眼的就是馬之石板這幅傑作了。創作者的生存年代比首座金字塔早了將近 30000 年，他在閃爍的古老油燈下，快速地用一隻炭筆畫出了迄今最古老的史前巨作。

　　這位藝術家是誰呢？

　　我稱他為尚恩。

　　由於考古學家在洞裡確切識別出的唯一畫家身高超過 180 公分，因此我假定尚恩是男性。

　　尚恩在將近 33000 年前出生於現在的法國，也就是文字出現前的近 30000 年。考古學家把他的生存年代稱為奧瑞納文化時期（Aurignacian），該文化的特色在於藝術作品極為繁複，包括象牙珠、雕刻、洞穴壁畫，以及目前最古老的樂器等等。

研究人員近來從比利時戈耶洞穴（Goyet Caves）的骨頭中提取了 DNA，就分析結果來看，尚恩可能有暗棕色皮膚、深色捲髮和咖啡色的雙眼。

在外表方面，他完全無異於現代人。早期智人臉上的眉弓明顯凸出，但到了尚恩的年代已經內縮，即使他站在現代世界的某個街角，應該也不會有誰因為外貌而覺得他很詭異。

雖然尚恩的外表是與現代人相似沒錯，不過他誕生時的歐洲和我們現在所知的很不一樣。當時，冰層覆蓋了斯堪地那維亞半島，阿爾卑斯山上一層層的冰河也超過 1.6 公里厚。而且冰河鎖住大量海水，所以尚恩可以直接從歐洲大陸走到英國。為了存活，他會穿厚重的熊或麋鹿毛皮，那是縫製而成的多層合身衣物，還有貂熊皮當做內裡。雖然歐洲冰河時期的獵人以獵捕長毛象聞名，但相關證據顯示他們成功拿下這種大型動物的機率其實並不高，反倒是類似山羊的羱羊在奧瑞納聚落的骨骸中占了四分之三，顯示這種剽悍又敏捷的動物應該才是尚恩的主食。

　　尚恩喜歡音樂，自己可能也會演奏。考古學家已找到奧瑞納文化遺址最古老的樂器，包括以象牙和禿鷹骨頭製成的小笛子。就複製品來看，這種笛子吹起來像帶有風聲的直笛，可吹奏八度音之中的五個音，是現代歌曲如〈咩咩小黑羊〉（Baa Baa Black Sheep）和齊柏林飛船（Led Zeppelin）的〈通往天國的階梯〉（Stairway to Heaven）中，都有用到的音階模式（五聲音階）。

　　和尚恩同樣住在西歐的，還有洞熊、犀牛、麋鹿與洞獅，當然也有其他智人族群。不過當時的歐洲人口稀少到幾乎難以想像，所以各族群之間的互動大概也很零星。在尚恩的年代，整個歐洲居住的智人甚至比現代奧勒岡州波特蘭的人口還少。

　　尚恩和所有現代智人一樣，生來就擁有畫畫的能力。相關研究顯示，從未接觸過繪畫的幼童可以在毫無指引的情況下，畫出可辨識的圖形，也可以瞭解圖畫代表的是什麼意思。換言之，繪畫並不是發明，而是一種與生俱來的能力。

　　尚恩的確有藝術天分沒錯，但要真正培養成繪畫技能，則必須要有人在他年幼時就看出他的才能，並從小培養才行，事實上，他甚至還有可能受過相關訓練。我曾問過羅賓森當時是不是有可能存在正式的教育系統，他說包括肖維石洞壁畫在內，奧瑞納時期的所有畫作在繪製上都很謹慎，而且風格一致，似乎不單純是模仿的結果，所以即使是很古老的文明，或許也已發展出師徒體制了。「研究人員討論過史前『藝術學校』的可能。」羅賓森這麼寫道。而且古代洞壁上的證據也顯示當時的人已經有正式教育系統，只不過我們大概很難想像那麼久以前的文化已如此進步。畫畫並不只是瑣碎的興趣而已，至少對於在肖維山洞裡創作的畫家而言不是，一如羅賓森所言，「他們對藝術是非常看重的。」

由於「山頂洞人」在主流文化中的形象，許多人可能從小到大都認為他們是披著老虎皮的野人，不是在吃東西，就是被當做食物吃掉，所以聽到冰河時期的歐洲小型狩獵採集聚落對藝術投注了多少時間與資源時，大概會覺得胡說八道，難以置信。不過根據目前最可信的證據顯示，這種主流形象不僅錯誤，而且根本與事實相反。尚恩是天才的機率並不亞於現代人，甚至有某些證據顯示，當時的人普遍比現在聰明。舉例來說，尚恩的腦容量比現代人大 10%，原因可能在於早期智人的肌肉量比現代人來得多，雖然也或許是因為人腦演化後效率變得比較高，但學者仍無法排除尚恩在智力方面勝過我們的可能性。

尚恩對周遭環境的瞭解遠比我們來得全面，這是他生存的必要條件。他必須懂得追蹤、打獵、建造、宰殺、煮飯、對戰、溝通、社交及製作工具，要知道哪些植物有毒，哪些又能治病，哪裡能找到水，也得透過星星的軌跡掌握季節轉換，並觀察動物的遷徙模式與領土，而且所有東西全部都得親自製作。此外，當時文字還沒有發明，所以他還得把這一切記在腦海裡。

　　現在，我們來猜猜尚恩是在幾歲時畫出了石板上的馬。「天才」這個字通常會讓人聯想到年紀輕輕就創造出傑作的人才，譬如莫札特才 8 歲就寫出〈第一號交響曲〉（Symphony No. 1）。不過荷蘭經濟學家菲利浦·漢斯·法蘭西斯（Philip Hans Frances）的研究顯示，普遍而言，成就大作的過程並沒有這麼順遂，恰好與一般人對於「天才」的理解相反。事實上，幾乎所有畫家都是將近 30 歲才畫出生涯最棒的作品，而且多數大師最有價值的畫作都是出現在 40 出頭歲的時候。雖然聯合國人口司（UN Population Division）估計尚恩那個年代的人平均只能活到 24 歲，但在奧瑞納時期，一旦活過嬰兒階段後，活到 50、60 歲其實是很常見的。

　　因此，我們可以合理猜測尚恩畫出馬之石板時，已經是中年了。當時的他不僅已精通繪畫技巧，也在社群中獲得了一定程度的推崇與肯定，所以才能獲得在肖維山洞作畫的殊榮。

尚恩首度進到洞穴裡時，應該歷經了很奇特的感官體驗。我們或許會認為完全無光的洞穴應該就像暗夜時分，但其實在光譜上，夜裡的光線反而比較近似於大白天的狀態，所以尚恩從洞口往內走以後，會踏入平時很少能體驗到的全然黑暗之中，必須用點了火的松枝或燒動物油脂的燈照才看得到，但亮度大概就只等於一根蠟燭而已。因此，他應該沒看過作品的全貌，只能在短暫的光照下看到各個部分，不過光與影會使動物彷彿活生生地在跳舞，就好像是從岩石中浮現出來似的。

此外，聲音也會使氛圍更加謎樣。有時候，洞裡可能安靜得令人毛骨悚然，但水沿著樹根細流或從鐘乳石上滴落時，那斷斷續續的敲打聲又會在每一個小洞裡引發迴響，使山洞彷彿活過來似的。

在黑暗包覆、亮光閃爍、陰影幢幢且聲響謎樣的情況下，尚恩可能會打從心裡把藝術視為神祕而有生命的存在。也就是因為這樣，洞穴在當代人眼中應該是有超自然力量的場所，可說是結合了教堂與劇場的功能。由於洞穴裡並沒有人類的骨骸、工藝品或家居用品的遺跡，所以我們可以清楚看出肖維山洞並不是遮風避雨的處所，前人會來到這裡，是為了作畫、探訪，也很可能是為了膜拜。或許考古學家永遠都無法找到山洞中曾有宗教儀式的證據，不過裡頭最大的岩洞中央置有一塊石頭，上面還放著洞熊的頭顱，任誰看了大概都會覺得像是祭壇。

尚恩開始繪製石板前，想必有先評估過他的畫布：一片帶有裂縫的石灰岩。這對畫家來說是很不一樣的挑戰，但也提供了特殊的機會。石牆凹凸不平，是不平整的表面，不過尚恩這麼有天分的畫家卻能利用這項特性，來創造不同的視角與動態。他在思考作品主題時，應該也有把石牆的輪廓納入考量，然後再畫出當代世界的大型動物——這是尚恩作畫時一貫的主題，人物和地景他是不畫的。

奧瑞納文化的山洞藝術有個謎樣之處：藝術家幾乎只畫動物。在肖維山洞的 400 多幅畫作中，只有一幅是人，而且畫得不完整，至於樹木、山脈或其他地景則完全沒有，甚至連蓬達爾克陸橋這麼壯觀、具代表性，還可從洞口隱約看見的地標都沒出現過。奧瑞納的藝術家不但不畫動物以外的主題，還只畫特定物種，譬如羱羊這種常見的生物，尚恩可是不納入畫作的，在他的作品中，不太會有羱羊和兔子，就好像松鼠與鴿子也很少出現在現代藝術和神話中一樣。能在尚恩筆下亮相的，只有當代世界令人畏懼的威猛動物，譬如犀牛、獅子、洞熊和野牛等等，換句話說，他只畫超級英雄，不畫食物。

　　尚恩開始作畫前會先把石灰岩上的碳酸鈣刮掉，這樣黑炭和白牆才能呈現出對比。他用蘇格蘭松的炭當畫筆，根據哈佛大學神經學家諾曼・賈希文（Norman Geschwind）對優秀藝術家的研究，其用左手作畫的可能性大過用右手。

　　有鑑於馬之石板上的線條交錯方式，羅賓森認為尚恩一開始是蹲在作品右下方，繪製兩隻頭角互撞的犀牛，牆上的指印顯示他在創作過程中會不時用手觸摸作品。著有《洞穴藝術》（Cave Art）的尚・克勞提斯（Jean Clottes）是最早進到洞穴裡的現代人之一，在他看來，像尚恩這樣的藝術家可能是為了與筆下的動物產生靈性連結，才會邊畫邊觸摸作品。在薩滿教中，超自然的溝通可雙向進行，所以他認為奧瑞納藝術家之所以會畫動物，其中一個原因就是為了和牠們的靈魂對話。

　　尚恩畫得很快，打架的犀牛完成後，他就按順時針方向一路往左畫。首先是一頭雄鹿，再來是兩隻長毛象，頂部則是野生原牛，也就是馴化乳牛的野生先祖；不過畫到一半時，尚恩「在他特別預留的空白處」畫了他最著名的四匹馬，羅賓森這麼告訴我。

他從左上方往下畫，每匹馬看起來都像是由右往左地全力奔騰，其中三匹張嘴喘氣，第四匹則奮力嘶喊。

最後，尚恩畫龍點睛地沿著馬的外圍刻了一圈，好像是要刻意凸顯馬兒似的。專家研判，有鑑於技巧、速度，以及用炭棒和陶土製造出的顏色效果，這幾匹馬應該是由單一藝術家一次快速畫完的。

法國西南部的拉斯科洞窟（Lascaus Caves）發現於1940年，與肖維山洞同等壯觀。據說畢卡索在欣賞完洞內的藝術要離開時，曾說了一句：「他們發明了一切。」

尚恩和其他奧瑞納藝術家在作畫手法上有許多創新。所謂的透視法是利用不同的大小與角度，在二維平面上創造三度空間的錯覺。我們原以為這項技巧是由雅典藝術家率先使用，並在文藝復興時代臻於成熟，不過其實早在近30000年之前，尚恩筆下的互鬥犀牛和向下奔跑的馬，就已呈現出了透視畫法。另一方面，點彩則是用點與空白創造畫面的手法，一般多半認為是由19世紀末的法國藝術家所發明，但事實上，在肖維山洞的入口附近，就有藝術家用點彩畫了一隻紅色的長毛象。

版畫和反向轉印在肖維山洞也很普遍。藝術家會張開手按在牆上，然後用輕巧且中空的骨頭把赭石顏料吹送到牆上，製造出陰影的效果。這種獨特的掌印反映出古老的慾望，畫家彷彿是想說：「我來過這裡。」其中有個手掌十分清晰，我把圖片拿給一位手部外科醫生看了以後，她說那個人的小指歪到很離奇，可能是手指的第四或第五個關節骨折。「傷勢算是好了，但沒有完全恢復。」外科醫生這樣表示。

此外，也有幾位藝術家甚至用到動畫技巧。肖維山洞的牆上有一頭野牛有八隻模糊不清的腳，其實就是為了製造動態的視覺效果，但大約 32000 年後，眾人卻還以為這是創新的概念並大加推崇。

尚恩年輕時當過史前學徒，年紀增長後或許也會指導學生，帶著下一代畫家參觀山洞。肖維山洞快到底之處有個通往祭壇洞窟的地方，附近散落火炬留下的炭片，還有一塊凹陷的泥地：30000 多年前，有個年幼的孩子曾在那兒踏出步伐，留下了世上最古老的腳印。

尚恩畫馬時已是奧瑞納聚落中的長者，所以可能畫完不久後就去世了。死因或許是意外、疾病感染，也或許是遭受暴力攻擊；又因為奧瑞納文化應該有死亡儀式，也相信靈魂存在，所以像他這麼受推崇的藝術家，過世時很可能有藝術品陪葬。

07

誰最先發現了
美洲？

如果把人類在地球上生存的時間壓縮成一天，
那麼這件事，是發生在**晚上 10 點 43 分（16000 年前）**。

16000 年前
第一次有人踏上美洲

1492 年 10 月 12 日，克里斯多福・哥倫布（Christopher Columbus）抵達了後來眾人口中的「新大陸」（the New World），並據為西班牙王國所有。當時，已經有大約 5000 萬人居住在當地。不過，他的這項「發現」顯然需要加註星號來解釋才行，事實上，就算說他是第一個發現新大陸的歐洲人都不太正確，因為多數學者都認為在哥倫布出生的近 500 年前，諾斯人（Norseman）萊夫・艾瑞克森（Leif Erikson）就已登陸紐芬蘭島（Newfoundland）了。

精確而言，哥倫布應該是最後一個發現美洲的人才對，至於第一個則另有其人。

美洲有別於其他適合人居的大洲，由於海洋和冰層阻絕，和孕育人類的非洲隔得很遠，所以人族一直到了 16000 年前才踏上美洲。當時，加拿大冰蓋開始消融，西伯利亞和阿拉斯加之間的那片陸塊住著一群勇敢的探險家，而第一個踏上無冰新世界的，就是其中一人。

這個人是誰呢？

我稱他為德蘇（Dersu），是以 18 世紀的偉大西伯利亞探險家德蘇‧烏札拉（Dersu Uzala）命名。

德蘇生於 16000 年前，當時正值最後一次冰河期的尾聲，比將在世界另一頭發生的農業革命早了 5000 多年。也就是說他出生時，地球上的人類都仍是以打獵採集維生。

德蘇的出生地是考古學家口中的「白令陸橋」（Beringia），也就是曾經連接西伯利亞和阿拉斯加，但現已沉沒的區域，面積大小和德州差不多。現在雖稱其為「陸橋」，但其實它根本是一片沉沒的大陸，面積也不像巴拿馬地峽（Isthmus of Panama）那麼小。德蘇出生時，大型冰蓋將大量海水鎖在地面上，使海平面下降了 90 公尺左右，現今沉在白令海峽（Bering Sea）之下約 45 公尺處的一大塊地，也因而露出頭來。早期的西班牙探險家猜測美洲原住民是從神祕的亞特蘭提斯（Atlantis）走到新世界，其實有幾分道理，只是他們自己不知道而已。

我們對德蘇的文化所知不多。由於考古遺址多半都已被白令海峽淹沒，所以古人類學家只能拼湊出一些結果，主要是根據語言重建、早期美洲住民的 DNA，以及阿拉斯加和育空（Yukon）地區北部殘留的些微線索。不過可以確定的是，德蘇和同伴堅忍不懈的經歷，絕對是人類史上最偉大的求生故事。

當年的德蘇被不利人居的環境包圍，東邊是跟高樓大廈一樣厚的柯迪勒拉冰蓋（Cordilleran ice sheet），加拿大的西半部幾乎完全蓋在冰下；北邊和南邊分別是寒凍的北極海（Arctic Sea）與白令海（Bering Sea），西邊則是西伯利亞嚴寒的苔原。事實上，他居住的地帶也是人類聚落史上最荒涼、最可怕的環境：白令海剛好是在人類史上最寒冷的時期與北極圈相鄰，平均溫度落在零下，冬天的最高溫也很少超過零度，就連灌木都很稀疏，樹木更是完全不存在。因此考古學家認為，白令聚落的人是靠細枝和骨頭來生火。

德蘇與現代智人無異，智力和我們相同，甚至比你我更聰明。曾經重建美洲第一批住民 DNA 的考古學家詹姆斯·

查特（James Chatter）指出，德蘇和澳洲原住民的親緣，可能比愛斯基摩人及伊努特人來得更近。

德蘇和現代智人一樣，會跳舞、演奏音樂，也會說故事。他會陪伴孩子、親自下廚，並到環繞北太平洋的海藻林中狩獵。他會吃海豹、魚類和貝類，幸運時還偶爾能吃到野馬。在白令住民留下的少許遺跡之中，就有馬的頷骨，骨頭上有很深的石切刻痕，這是考古學家在育空地區北部的一個洞穴裡找到的。這塊頷骨顯示在 24000 年前，有位住民在藍魚洞（Bluefish Caves）裡切下了馬的舌頭來享用。

德蘇獵到海豹、海象、野兔、馬鹿和駝鹿後，會把毛皮穿在身上。他主要的武器是矛，矛上有削尖的打火石，尖端則是黑曜石，另外還有飛鏢，使用投槍器（稱為「atlatl」）來丟擲。他用網子捕魚，捕到貝類會拿來吃；雖然與長毛象共存，但可能並沒有像大眾既定印象中那麼頻繁地獵捕這種動物。

就阿拉斯加上陽河（Sun River）12000 年前的遺址來看，德蘇所屬的部族可能不大，只有四、五個家庭，不過他會和鄰居溝通、交易、一同打獵，甚至彼此交往。在莫斯科附近挖出大約 34000 年前葬在一起的兩名孩童之前，多數的古人類學家都認為，與世隔絕的北極狩獵採集族群至少有某種程度的近親繁殖，但這兩名孩童的 DNA 檢測結果卻出人意料地顯示他們只是遠親。因此，德蘇和北極地區的部落可能和我們現在一樣，把近親通婚視為禁忌，而且會為了避免而和遙遠的部族維繫關係。

在北極地區的狩獵採集文化中，政治權力通常是掌握在年長男性手裡，德蘇想必就是這樣的角色。其實他光是要活到中年，就已經得克服重重難關了。古代許多狩獵採集型社會的嬰兒致死率都很高，不過北極一帶的情況又特別淒涼，即使是技術較為進步的部族，都仍有 40% 的嬰兒會夭折。在白令地區，更是有一半的孩童無法撐到 10 歲生日，生死就像丟硬幣那樣。德蘇是有幸撐到成年沒錯，不過如果他有小孩的話，大概也很難逃過早夭的命運。

考古學家曾發現三具葬在上陽河遺址的孩童屍體，並認為曾有數個家庭在這個季節性居所住了幾年。不過這些史前住民在小屋中央焚燒 3 歲的孩子後，可能因悲痛所致，所以就永久棄置這個地方了。

生存年代早於德蘇的白令人並沒有南遷的選擇。在長達書寫歷史三倍之久的 15000 年間，厚度約 800 公尺的柯迪勒拉冰蓋阻絕了向南移動的可能。一直到最近，許多學者都仍相信是柯迪勒拉和勞倫泰冰蓋（Laurentide ice sheet）在約莫 13000 年前沿美洲大陸分水嶺（Continental Divide）分裂時，第一批住民才經由加拿大抵達新世界，不過近來的研究顯示美洲其實更早就有住人，使這個理論不再成立。過去 10 年來，考古學家挖掘出許多重大證據，可證明在大分水嶺（Great Divide）的通道出現前，奧勒岡和智利就已有人居。包括奧勒岡大學的考古學教授喬恩‧厄爾蘭森（Jon Erlandson）在內，許多學者都相信人類至少在 16000 年前就已抵達新世界；當時唯一的途徑，就是駕小船沿加拿大西岸的險路航行。學者近來研究加拿大沿岸的巨石後，認定其中有些石頭是在大約 16000 年前就已穿出冰蓋，也就是說，那時確實有路可走。

我曾針對沿岸航行的可能性詢問過厄爾蘭森，而他認為加拿大西側海岸繁盛的海藻林不僅是白令人的食物，也提供了南遷的通道，讓德蘇有路可循。厄爾蘭森研究過後，相信這條「海藻之路」是從白令海峽一路延伸到下加州（Baja）一帶，不但是食物來源，也刺激了德蘇遷徙。

不過德蘇當時並沒有可航行於大洋的大型船隻可用，所以無法一次就抵達目的地。造這種船所需的巨大樹木根本不存在於白令地區，因此，他的船應該比較像現代的獨木舟，以漂流木或鯨魚骨為骨幹，而船帆則是獸皮。這種獨木舟不可能撐得住多日航行，不過可以讓德蘇捕魚、狩獵，並沿著仍凸出於海面的長型冰角移動。

　　考古學家雖已大致拼湊出德蘇和首批住民是如何抵達美洲的輪廓，卻仍無法釐清背後的動機。現代人如果生活在北緯 40 度以南的舒適溫暖地區，大概會覺得原因很明顯，但德蘇並沒有地圖可看，不可能知道上路後會不會得面臨難以橫越的冰層或大海，也無從得知目的地會不會比原本住的地方更糟糕。在德蘇之後的數千年內，北極的狩獵採集族群仍興盛於白令海峽和阿拉斯加地區，所以並沒有證據顯示白令住民是基於鬥爭或飢荒等因素，而非得遷離不可。

　　德蘇的離開似乎沒有明顯的原因可解釋，所以最有可能的動機大概就是他單純想探險。現代人可能會覺得探險是不務正業的追求，不過證據顯示智人在這方面向來都抱有渴望，甚至是更早以前的人族就已喜歡冒險，因此，德蘇和同伴會離開，或許就只是為了看看地平線外的遠方有些什麼而已。

　　在演化過程中，我們必須去看、去找，去感覺、模仿，並拓展生活的界限，所以也會因而產生探索的渴望，這是人類生存的一部分。因此，古代勢必也會有麥哲倫和尼爾‧阿姆斯壯（Neil Armstrong）這類的人物，而且發現新島嶼和大陸可能帶來的收穫甚至會促使更多人向外探險。許多考古學家找到德蘇曾踏上艱險旅途的證據時，都認為他是因為敵人或飢荒所迫才去冒這麼大的險，但仔細重建其他偉大海洋民族的文化後，才發現背後的原因不一定是這樣。

考古學家重新研究南太平洋古老的拉皮塔（Lapita）海洋文化後，發現這個族群的人在一個世代之內，就發現並遷徙到好幾個島嶼，而且征服每座島的速度之快，使學者相信他們之所以會不顧重大危險地不斷探尋，就是因為人類心理存在探索未知的根本慾望。

考古學家並不知道德蘇的南航之旅花了多少時間，或許一代人就已完成，也或許花了好幾個世代才抵達目的地，所以橫跨南方冰河障礙的，可能是德蘇的子女或孫輩也說不定。不過無論如何，一旦突破冰蓋後，德蘇或後代就會發現與世隔絕的天地，以及獅子、駱駝、長毛象、乳齒象、獵豹、馬、近 60 公斤的水獺和巨大禿鷹等各種大型動物。白令住民剛抵達時，共有 90 種超過 45 公斤的動物生活在北美的空中和陸地上，不過，相較於非洲那些與人族一同演化的大型動物，美洲的巨型物種不怕也不適應人類的存在，而且對於這種新來的超級掠食者毫無準備，所以在 4000 年內，人類就幾乎把所有動物都獵捕到絕種了。

這些新住民飛快地滲透到美洲各處，因此某些學者認為，加拿大以南的美洲原住民語幾乎都是源自同一種語言。雖然美洲各處發展出了百花齊放的多樣語言，不過語言學家約瑟・格林伯格（Joseph Greenberg）和梅里特・魯倫（Merritt Ruhlen）仍在其中發現了顯著的相似特徵，並據此重建出源頭那個語言的一部分——也就是德蘇的母語。格林伯格和魯倫的確是被抨擊過沒錯，不過我認為他們的研究方法很有說服力。由於美洲的人口分布模式很特別，所以如果他們的理論沒錯，那麼在現代人可以理解的語言中，德蘇的母語應該就是最古老的那一種，換言之，無畏冰河威脅，在險阻的北極海域乘風破浪、發現新世界的德蘇過世時，我們可能聽得懂他臨終的遺言。

魯倫認為在德蘇的語言中，「死亡」這個字的發音應該近似於「MA-ki」。

08

誰喝了世上
第一杯啤酒？

如果把人類在地球上生存的時間壓縮成一天，
那麼這件事，是發生在**晚上 10 點 48 分（15000 年前）**。

15000 年前
第一杯啤酒釀成

　　1795 年 9 月的一個早晨，英國皇家海軍的陛下之艦反抗號（HMS Defiance）上發生了叛亂。這艘配有 74 門大砲的武裝戰艦在波羅的海歷經了凜冽的長程旅途，剛剛歸航。可是船雖已停靠於蘇格蘭愛丁堡附近，船長喬治‧霍姆爵士（Sir George Home）卻還是只讓船員喝很稀的啤酒，就某位惱怒的水手所言：「簡直像紗一樣淡薄，根本無法驅寒。」船員對酒不滿了好幾個月後決定反抗，並直搗船長室。

　　在另一艘船的協助下，那場叛亂才終於在兩天後平息，並有五名水手被吊死。不過，早在這起啤酒反抗事件的很久以前，人族就已經會因為酒精而做出不理性的決定。據基因學家所說，我們從非常古老的時期，就已對酒精抱有一種頑固的執著了。

研究顯示，大約在 1000 萬年前，人族腸道中可分解乙醇的酵素大幅改善，可能是因為大猩猩、黑猩猩和人類的共同祖先開始花上較多時間，在地上攝食發酵後掉落的水果。基因學家認為，在天擇機制之下，發酵後的水果雖然有酒精成分但營養豐富，因此，能夠分解乙醇，或是能藉由特殊香氣與口味找出這種水果的猿類，都擁有演化上的優勢。

不過這些猿類並不會酒醉，畢竟發酵水果的酒精濃度很低，所以它們仍算一般食物，而不是真的在喝酒。要等到很久以後，人族才學會將發酵水果的果汁濃縮，用來釀製葡萄酒，或者是加入水和蜂蜜做成蜂蜜酒，那時的酒才開始有讓人喝醉的效果。葡萄酒和蜂蜜酒的配方都很簡單，所以智人之前的物種可能就已經知道該怎麼釀製了。

然而，這兩種酒對社會的影響都沒有啤酒那麼大，原因在於啤酒是以穀類製成，原料不難取得，而且可以大量採收、長期存放，在啤酒出現之後，人類才開始可以想喝酒就喝。現在，大家都知道酒會令人慷慨激昂、情緒激烈，有鑑於此，啤酒的發現可說是人類史上的重大轉折。不過還有另一個原因使這項發現更加重要：穀類不僅能夠製酒，也可以吃。現在，穀類提供的能量占全球食物的將近一半，而且在密集種植的情況下，也帶動了農業革命，使得原本以狩獵採集維生的人類開始從事農作與放牧——直到現在，這都仍是人類史上影響最大的改變。

世上最早出現的農夫比漁獵採集族群操勞，健康狀況較差，壽命又較短，所以長期以來，不少學者都相信沒有人是自願農耕，且認為美索不達米亞的漁獵採集者是受到誘惑才開始務農，就像龍蝦爬入陷阱那樣。一直以來，許多人都認為他們是為了糧食而從事農耕，不過越來越多證據都顯示，這個陷阱的誘餌其實是啤酒——換句話說，世上的第一個釀酒師可能才是人類史上最重要的角色。

這個人是誰呢？

我叫她歐西里斯（Osiris）。之所以假設是女性，原因在於啤酒的原料不是小麥、大麥就是裸麥，在漁獵採集部族中，這些作物比較可能是由女性負責收集。

歐西里斯在將近 15000 年前，誕生於中東地區的一個小村落，可能是考古學家稱為「舒巴伊卡」（Shubayqa）的一處遺址。這個遺址位於約旦東北部，2018 年時，考古學家在此發現了至今最古老的已烘焙穀類。

歐西里斯是納圖夫（Natufian）文化的早期成員。考古學家口中的「納圖夫」是最早開始過定居生活的族群之一，不過歐西里斯並不是農夫。在 1970 年代以前，大多數的學者都認為農夫是最先開始定居的人，不過後來在幼發拉底河谷和周遭地區發現的多處遺址，卻呈現出相反的證據：像歐西里斯這樣的狩獵採集者是在定居了數千年以後，才開始農耕的。

據基因學家的推測，來自納圖夫族群的歐西里斯身高約 150 公分，膚色偏深，雙眼和頭髮分別是棕色和黑色。她用石頭打底，以木材為牆，造出了圓形的半地下石屋做為住家，在她住的村落裡，也有另外少數幾棟類似的建築。舒巴伊卡的總人口不到 200，不過因為全年都有人住，所以當時是全世界最大的城市之一。

歐西里斯會拿小石頭、貝殼和骨製的首飾裝扮自己，用鴕鳥蛋的殼當容器，把骨頭製成魚鉤和魚叉，將石灰岩做成人與動物的小雕像，也會參加紀念死者的盛宴。考古學家曾發現一位納圖夫女性的墳墓，死者的身分可能類似祭巫，墓裡共埋了 86 塊龜甲。

歐西里斯所處的年代和地帶都很豐饒，不僅土地遠比現在肥沃，附近的德魯茲山脈（Druze）每年也都會逕流，把平原變成半永久性的濕地。成群的野牛和羚羊會聚集在附近喝水，養分豐富的高地也利於豆類、杏仁和開心果生長。納圖夫人究竟為什麼會以村落的形式定居，考古學家目前仍有爭議，不過最簡單的解釋無他，就是因為他們住在終年到頭物資都很充裕的地方。

定居在同一處之後，會有個難以避免的後果，那就是逐漸累積越來越多重物，像是採收裝置，以及石磨、鐮刀和石灰岩製的 180 公升大鍋釜等廚房用具。這些沉重的工具對於四處遷徙的生活而言並不實際，但卻開啟了不同的可能，並帶來新的食物來源（主要是因為人們開始可以收集並研磨種子），進而促成了啤酒的釀造。

歐西里斯平時會在村落附近採集充裕的水果、堅果和塊莖，有時可能也會找到野生種的古老小麥。但野生的麥成熟後，種子會噴發到地上，必須要彎下腰來一顆一顆地撿，所以應該不會被當作主食；不過後來，由於人類一再選擇會把成熟種子留在穗軸裡的硬軸突變基因，所以也改變了小麥的性狀。話雖如此，這樣的變化是發生在歐西里斯的年代之後，因此古植物學家強納森·薩爾（Jonathan Sauer）認為，她即使去收集野麥，能從中獲取的熱量大概也「少得可憐」；在發現啤酒以前，漁獵採集族群應該很少會費心去撿拾麥粒。

歐西里斯在撿小麥種子時，心裡想找的可能是別的東西，只是剛好遇到罕見的硬軸變種而已。她不用從地上把成熟的種子一顆一顆撿起來，而應該是一次把大量的麥粒全部打落，就像現代的採收手法一樣。

歐西里斯收集到麥種後，會把殼敲開，並將裡頭的種子泡到水裡，讓穀類內含的澱粉轉換成糖，做成納圖夫版的麥片粥；如果採集時幸運的話，或許還會加點蜂蜜或水果來增添甜味。麥片粥做出來以後，離啤酒其實就不遠了：只要一時健忘，剛好摻入一點酵母，再加上中東炎熱的豔陽，就可以釀出酒來。

就某種程度而言，啤酒其實就是壞掉的麥片粥；要把粥變成酒也很簡單，就只需要時間、熱度，以及能把穀類糖分解成酒精與二氧化碳的酵母菌。幸運的是，歐西里斯隨處都能找到這種酵母，譬如蜂蜜裡就有，所以如果她用蜂蜜來替麥片粥增加甜味，化學作用就會啟動。橡果上也有這種酵母，只要她用同一塊石頭來敲橡果和麥粒，糖就會逐漸分解；某些昆蟲身上同樣帶有酵母，一旦停在麥片粥上，粥就會開始發酵。此外，一如慕尼黑大學的食品與啤酒技術教授馬丁・曹恩科夫（Martin Zarnkow）告訴我，甚至連某些野生穀類裡頭都有，換句話說，要是她不在乎釀出來的量比較少的話，那其實根本什麼都不用加。

無論酵母源自何處，只要她把麥片粥忘在暑熱之下，僅僅一天過後，粥就會變成好喝的發酵飲品了。

所以歐西里斯喝到的酒是什麼味道呢？

舊金山海錨啤酒廠（Anchor Brewing Company）的釀酒師傅史考特・盎格曼（Scott Ungermann）表示，粥發酵後如果沒有封起來，會被乳酸桿菌汙染，進而產生乳酸類的副產物，所以腐壞的麥片粥（也就是我們現在所說的淡啤酒）喝起來會有股酸味。現代釀酒廠通常會想盡辦法避免這種狀況，不過製作特定種類的酸啤時，反而會刻意讓乳酸桿菌進到酒裡，換句話說，現在的某些酒種和最原始的啤酒喝起來可能很像。

盎格曼表示，在目前仍有生產的種類中，最接近歐西里斯版本的是柏林白啤酒（Berliner Weisse），也就是一種沒有酒花的淡味酸啤。根據《啤酒與釀酒》雜誌（*Beer & Brewing Magazine*）的描述，這種酒「異常清爽，微濁又帶點泡泡，有股輕微的氣味。」與柏林白啤酒不同的是，歐西里斯的粥上會有麥粒在漂，或許就是因為這樣，美索不達米亞的象形文字記錄才顯示當代人喝啤酒時會用吸管。

即使是和現代的淡啤酒相比，歐西里斯釀出來的酒精濃度也都只有一半，所以她大概不會喝醉，但可能已經感受到酒精使人興奮的效果，並開始樂在其中了。

因此，她應該會再釀一次並與他人分享。即使收集野生小麥、大麥和裸麥的效率低到不可思議，她或許仍會認為值得。畢竟這些穀類是要釀酒，而不是要當做糧食，而且就算自己不喝，也還是可以分送給隔壁鄰居。

在納圖夫文化出現之前，人是游牧而居，遇到糟糕的鄰居時大可以搬家就好，但歐西里斯有長期定居的住所，還有囤積的食物要保護，所以沒辦法再像從前的人那樣一走了之。因此，考古學家找到的證據顯示納圖夫人常會舉辦鄰里聚會，藉此建立社會網絡並緩解緊張的人際關係。在這樣的情況下，酒精這種社交潤滑劑就變得更不可或缺。

古代植物學家認為，歐西里斯和黎凡特（Levant）地區的其他居民收集完釀酒用的野生穀物後，在回家路上可能偶爾會掉落一些，所以數個世代以後，村莊附近就長出了小麥、大麥和裸麥，進而發展成可靠的食物來源。而納圖夫人也開始看照，割草犁田並重新播種，最後，原本採集起來很沒效率的麥類，就這樣成了一片片產量高又能提供充足熱量的作物。一開始，居民可能只是偶爾去照顧一下，後來時間慢慢拉長，就變成全職農作了。

每平方公尺農作可供養的人口遠多過漁獵與採集，使納圖夫聚落快速擴增，很快就沒辦法再以舊有的採食型態維生。耕作了幾個世代以後，納圖夫人無法再重回以往的生活方式，否則很可能會餓死。他們起初務農只是因為想釀酒，最後卻變成是為了取得糧食，而且在那之後，納圖夫人與後代就再也無法脫離農耕這種截然不同的生活型態了。

其實早在許久之前，就已經有學者認為農業革命背後的推力不是糧食，而是啤酒。這個理論是由芝加哥大學的羅伯特·布萊伍德（Robert Braidwood）等考古學家於 1950 年代首度提出，不過當時學界多半予以駁斥。哈佛大學植物學家保羅·曼格爾斯多夫（Paul Mangelsdorf）的立場與當時普遍的意見相同，對於布萊伍德 1953 年的文章〈人類是否曾經只靠啤酒維生？〉（Did Man Once Live by Beer Alone?），他如此回應：「奠定西方文明基礎的，怎麼可能是一群營養不良，而且隨時隨地都醉醺醺的人？」

直到 1972 年，曾獲諾貝爾獎的基因學家喬治·比德爾（George Beadle）解開了遠古野生種玉米的謎團，並無意間扭轉了糧食與啤酒之爭。比德爾發現，在世界的另一頭也曾有人為了釀酒而馴化主要糧食作物，顯示智人確實有這樣的能耐。

玉米提供的熱量在全球穀物中排名第三，不過和小麥不同的是，馴化後的玉米和野生種幾乎毫無相似之處。人擇效應徹底改變了玉米，導致我們很難找出原生的野生種，直到比德爾著手進行基因測試後，才證實現代玉米的始祖是墨西哥的野草類蜀黍。這項發現迫使人類學家重新思考納圖夫人為什麼會開始收集穀類，因為野生小麥或許是可以當做食物沒錯，但不管再怎麼餓，應該都不會有人浪費時間去撿蜀黍才對。

蜀黍的營養價值很低，雖然和玉米一樣有穗，但沒用顯微鏡的話根本看不到，一整穗蜀黍可提供的熱量還不及現代玉米的單單一顆。密西根大學的考古學家肯特・傅能瑞（Kent Flannery）稱蜀黍為「飢荒食物」，而威斯康辛大學的植物學家休・伊爾提斯（Hugh Iltis）則說野生蜀黍的保護殼「非常硬，人類不可能取出穀粒，」並指出「既然穀物沒辦法從殼裡頭取出來，那這種作物根本毫無用處，實在不曉得為什麼會有人浪費力氣去收集或種植。」

答案就是為了釀酒。

蜀黍的殼是甜的，所以住在現今墨西哥地區的人有時可能會當成糖果來嚼，也約莫在 7000 年前開始收集穗軸來壓榨成甜味果汁。這種蜀黍果汁只要再放上一段時間，就會發酵成玉米酒。

製酒人刻意選擇穗比較大的蜀黍並撒種後，作物自然而然地開始生長，不過至少要到 3000 年後，蜀黍的穗才因人擇而超過 5 公分，也是到那時，才有可能被用來當做食物。

　　馴化後的小麥、大麥和裸麥在基因方面都和原生的野生種很類似，所以在天擇效應下轉變成高營養價值糧食的速度比蜀黍快很多。不過有鑑於相關證據和人性，麥類和蜀黍之所以會開始改變，都是因為有人發現可以用來釀酒的緣故。

　　說到是誰喝了世上的第一杯啤酒，古埃及人也有答案。他們釀了至少 17 種不同的酒，甚至還取名為「天堂水」和「快樂泉源」等等。在他們眼中，啤酒是仁慈的冥界之神歐西里斯贈與的禮物。古埃及人相信，歐西里斯把水和發芽的穀物加在一起，要做成餐食，沒想到忘在太陽底下，隔天發現時已經發酵，但還是決定要喝，結果對喝下去以後的感覺很滿意，所以決定要傳給人類當做禮物。事實上，在埃及象形文字出現前的大約 10000 年前，酒基本上就是這樣釀製出來的。

　　只不過我們在本章討論的歐西里斯並不是冥界之神，可能只是中東地區某位忘記把午餐收起來的年輕女子罷了。

09

世上的第一台手術
是誰操刀？

如果把人類在地球上生存的時間壓縮成一天，那麼這件事，是發生在**晚上 11 點 27 分（7000 年前）**。

7000 年前
世上第一台手術出現

西元 1865 年，祕魯庫斯科（Cuzco）鎮上有位名叫安娜・瑪麗亞・桑塔諾（Ana María Centeno）的有錢收藏家，向美國外交官喬治・斯奎爾（E. George Squier）展示了她偶然發現的一顆奇特印加頭顱。真要說起來，其實頭顱的各方面都再正常不過，只是耳朵上方有個長方形的大洞，切口非常整齊，不可能是武器或動物的牙齒所致，感覺就好像是有人要挖出一扇窗來窺探大腦內部似的。

在桑塔諾之前，考古學家也曾發現這種挖洞方式很特別的頭骨，但始終都認為那是戰爭留下的可怕傷痕或死後處理的結果。不過，斯奎爾卻提出了相當極端的全新理論：他認為在頭顱上開洞的人並不是想殺人，而是為了救人。

自學的斯奎爾想法獨特，可說是剖析桑塔諾這項收藏的最佳人選。他在外交與考古方面都抱有熱烈的美洲情懷，且認為新大陸的古老文明已十分複雜成熟，1863 年獲美國總統林肯指派到祕魯解決兩國的財務糾紛時，也因而得以利用此機會，來進一步證明他的看法。這樣的觀點讓斯奎爾看見了桑塔諾的頭骨代表的真正意涵：挖洞的人，其實是古代的醫藥天才。

後來，斯奎爾把頭骨拿給備受敬重的法國醫生暨人類學家保羅・布羅卡（Paul Broca）看，對方的推論更是讓斯奎爾都嚇了一跳。布羅卡表示，頭骨的主人不僅是在有生之年就接受古代手術，而且傷口邊緣的骨頭生長情況也顯示病人在術後存活了下來。

這位病人接受的是「顱骨穿孔術」，但並不算是腦部手術。醫生進行顱骨穿孔術時，會移除頭骨的一部分，不過不會刺穿包覆大腦的薄膜。如果古代醫生用沒消毒過的器械碰到灰質，病人很快就會死於感染，但布羅卡發現受術者並未喪生，顯示醫生只有切穿骨頭而已。

這個消息震驚了醫學與考古學界，畢竟當時在現代歐洲醫院接受這種手術的病人中，有三分之二都不幸喪生，但這個古代男子卻能在石製的手術刀下存活，而且手術成功的古人還不只有他一個人。考古學家開始將先前在歐洲和俄羅斯發現的頭骨重新歸類為顱骨穿孔術的案例，1996 年 9 月更在法國東部的城市恩西賽姆（Ensisheim）挖出第 44 號入葬者（Burial number 44）──這名 50 歲男性的骨骸保存得很好，還接受過兩次顱骨穿孔術。根據墓裡的陪葬物來看，他死於 7000 多年前，換句話說，就任何種類的手術而言，這名年長男性的頭骨都是迄今最古老的證據，而且他甚至可能是接受「第一刀」的智人（first cut，指的是醫生在執行新手術時劃下的第一道切口）。

所以操刀的人是誰呢？

我稱他為零醫師（Dr. Zero）。之所以假設為男性，是因為某些證據顯示，歐洲新石器時代的新社會階級可能直接促成了手術的誕生，而執刀的就是在政治上握有權威的男性。

零醫師是大約 7000 年前，生於學者所說的「線紋陶文化」（Linear Pottery）族群，以務農和放牧維生，定居在現今法國東部萊茵河岸的村莊，離當代的德國只有十數公里遠。零醫師是西歐最早的農夫之一，不過他和祖先都不曾在歐洲採集、狩獵。關於古代 DNA 的研究大致都顯示，農業族群搬到歐洲以後，並沒有同化當地的漁獵採集部族，而是直接將對方消滅或驅逐。

零醫師與同伴站在這波農業擴張的前線，會種植小麥、豌豆和扁豆，會牧牛，偶爾也會獵鹿。對於這些農夫和放牧者而言，萊茵河氾濫平原與舊河道沿線的肥沃土地能為穀物提供養分。他們的聚落是由數棟長屋組成，長度約 30 公尺，以大型橡木為樑柱，上頭覆蓋傾斜的茅草屋頂，並用數排長竿支撐。

零醫師長得不高，和他生活在相同年代與地區的男性平均身高大約只有 160 公分，這是因為他們飲食不均衡，主要以穀物為食，對成長和牙齒都很不利。他是第一批白皮膚的歐洲人，從 DNA 證據顯示，他很可能有棕色眼睛和深色頭髮，且不耐乳糖；另外，由於只仰賴少數幾種食物來源，很容易受水災、乾旱與疾病影響，隨時都有陷入飢荒的危險。相較之下，附近的漁獵採集族群飲食多元，所以也遠比零醫師來得健康。

零醫師的工具全都是用石頭、木材、筋腱和其他有機材料製作，他會把尖銳的斧頭裝到木製斧柄上製成扁斧，然後用來砍樹，並使用削尖的打火石和黑曜石做成的刀和箭頭。現代考古學家把零醫師的年代稱為歐洲新石器時代，歐洲大陸的第一批農夫就是在當時出現的。

零醫師在社群中想必是權威型人物,「要說服病人接受顱骨穿孔的話,一定要有點權威才行。」史丹佛大學的考古學教授約翰‧瑞克(John Rick)這麼告訴我。

在零醫師之前,為什麼完全沒有手術的相關證據呢?瑞克表示,在智人的歷史上,以身材之外的標準來決定一個人是否有權威,是很新近的概念。現代人對於專家的信心,是源自人類學家稱為「專業化」的現象。在當今的社會,大多數的專業關係都是奠基於我們對他人權威的相信,不過這是相對較新的概念,一直到農業時代才出現。人類開始農耕後,光靠一個人就能產出足夠養活多人的糧食,所以某些社群成員就開始能發展其他領域的特殊技能,譬如軍事、政府事務和醫學等等。農夫的效率越高,就有越多人擁有自由時間,能在分工越來越明確的領域精進。

生活型態轉變為農業與放牧後,「財富」的概念也隨之出現。在先前的人類史上,從來沒有「誰擁有的比誰多」這種事,但有了牛隻和穀物這些東西以後,就有財產的多寡可以比較了。恩西賽姆有三成的墳墓都內含精美的貝殼頭帶、項鍊和工具,但其他的墓則什麼都沒有。考古學家認為,這樣的證據顯示當地有某些居民較受敬重,甚至可能代表他們比較有錢。瑞克表示,農耕造成了收入不平等,而且人類很容易認為富有的人懂得比較多,所以在貧富差距出現且專業化程度越來越高的情況下,「權威」的概念應運而生,也快速變得越來越流行。

促使手術出現的就是權威人物,而不是工具的發明或智力的提升。在人類開始務農前,並沒有至高權威的概念,可能就是因為這樣,考古學家才無法找到農業革命前的明確手術證據。

不過假設零醫師確實握有動手術所需的權威好了,他為什麼會想做這件事呢?考古學家發現顱骨穿孔的頭骨後,有很多年都認為零醫師和其他的古代醫生都只是庸醫或好奇的屠夫,畢竟在近代前,長久以來都有許多人自稱外科醫生,但其實只是用醫師袍和手術刀來掩飾自己有多麼卑鄙、敗壞又無知而已。

這個解釋簡單又直接,偏偏全球又出土了那麼多有穿孔痕跡的頭骨,顯示真相或許沒有那麼單純。在歐洲、俄羅斯、大洋洲以及南美洲,考古學家都發現了這樣的頭骨,而且年代綿延將近 7000 年。如果說這種手術只有零醫師一人執行過,或是只在某個年代的某個地方出現過,那我們或許還可以推斷他的動機是源自宗教信仰,又或者這只是極端的身體變形術,就像裹小腳和拉長脖子那樣。不過,許多古代文化之間明明毫無接觸,也幾乎沒有共通點,卻都有顱骨穿孔術的證據，顯示這並不是地區性的習慣或風俗，換句話說，我們需要更全面的解釋。一如醫藥歷史學家普利尼歐‧普里路西（Plinio Prioreschi）所寫：「催生出這種手術的，是全球史前人類共有的經驗與需求。」

零醫師之所以會切下第一刀，不僅是因為地區性的風俗或習慣而已，背後應該有更普世的原因。對此，著有《頭顱挖洞》（*Holes in the Head*）的考古學家約翰‧維拉諾（John Verano）抱持的看法特別極端：他認為那些古代醫生已懂得使用「良方」（good medicine）。

就定義而言，所謂的「良方」是有效的治療方式。這個概念相當晚近才出現，哈佛大學的生化學家兼醫藥歷史學家勞倫斯‧約瑟夫‧亨德森（L. J. Henderson）曾在 1900 年代早期這麼說：「在 1910 和 1912 年之間，某個罹患某種疾病的病人曾向某個隨意選定的醫生諮詢，在人類史上，那是第一次有人因為看診而獲得五成以上的康復機率。」

換做是手術史的話，機率則更渺茫。

聯邦軍（Union Army）的外科醫生威廉‧基恩（William Keen）曾表示，根據他的估計，在市立醫院接受治療，比在蓋茨堡（Gettysburg）打仗危險七倍；在布羅卡表示他認為接受顱骨穿孔的那位古人沒有喪命那年，在倫敦接受類似手術的病人只有三成得以存活。因此，說零醫師懂得使用良方，而且動手術的技巧很好，似乎與文字記載的醫藥史天差地遠。不過，他所執行的手術在現代確實能夠救人，我們現在稱為「顱骨切開術」，嚴重的腦部創傷造成顱內出血時就會需要。腦部腫脹時，顱內壓力會不斷上升，最後導致缺氧，要想減壓，就非得移除一部分的顱骨才行。

在考古學家發現的有洞頭骨中，出土自祕魯的最多。維拉諾表示，在源於祕魯的這些頭顱中，超過一半都有骨頭先前曾碎裂的跡象，而且醫生進行顱骨穿孔術時，常會將碎掉的骨頭移除，所以實際比例可能更高。這些頭骨的主人多半是男性，且左腦接受手術的頻率高於右腦，顯示多數病患是因為在戰場上被右手操持武器的敵人攻擊而受傷。這雖然只是間接證據，但很有說服力，所以我們可以推論，印加帝國的外科醫生執行顱骨穿孔術的對象，多半都是腦部遭受過創傷的病人。

在新石器時代早期的歐洲，經常可見令人害怕的大型墳墓和有鈍器創傷的頭骨，所以零醫師對頭部外傷應該很熟悉，尤其是扁斧砍出來的傷口。德國塔爾海姆（TalHeim）有個7000年前的墳墓，裡頭埋了34具遺體，男女和兒童都有，其中有14人是因頭部遭受重擊而喪命；奧地利的謝拉茲·阿斯龐墓（Schletz-Asparngrave）有300多具屍體，德國黑克斯海姆（Herxheim）則有超過500具。在法國的泰維耶克島

（Ile Téviec）、丹麥的韋茲拜克（Vedbæk）和瑞典的斯卡特霍爾姆一號（Skateholm I），也都有新石器時代早期的墓，讓研究人員得以全面分析死因，並歸結出那個年代有 15% 的歐洲人都是被攻擊而死。相關證據也顯示，古代常有戰爭與殺戮，所以零醫師對於慘不忍睹的頭部創傷應該不陌生。

零醫師一開始之所以會想在顱骨上穿洞，可能是在替頭骨碎裂的病人清理碎骨、頭皮和血跡時，得到了靈感。隨著他取出碎骨的手法越來越熟練，他可能也有發現灰質受損的病人都無法存活，並注意到頭骨有凹痕的人常會面臨持續惡化的各種症狀，像是嘔吐、迷茫、無法說話、局部癱瘓等等，終究因而喪命；相比之下，如果只有開放性傷口，則比較有機會復原。

最後，零醫師一定是發揮了驚人的聯想力，得出了這個結論：頭部受到重創時，顱骨上有洞反而能提升病人存活的機會，因此當他再次面對上述那些可怕的症狀時，便做出了全然不同的決定：他要自己在頭骨上鑽孔。換做是在現代，醫院也都會這麼做。

即使是在現代手術室，醫師用手術刀劃破患者皮膚的那一刻都還是很具震撼力。皮膚一旦切開後，就代表醫生承諾會完成整個程序，也代表他們相信雖然必須在病患身上割出令人疼痛的傷口，但最後的結果會比不動手術來得理想。

零醫師用來劃下人類史上第一刀的，應該是削尖的打火石或黑曜石刀片，這兩種工具都能做得像現代手術器械一樣銳利。一開始，他必須移除一小塊頭皮，過程中可能會造成大量出血和些許疼痛，不過很快就能完成。頭皮切除後，則要處理頭骨，不過骨頭沒有神經，所以這時痛苦會減輕。顱骨穿孔術在古代之所以常見，就是因為這種手術對醫生和病人來說都比較輕鬆：如果是器官或軟性組織開刀，會造成大量出血和嚴重的感染風險，相較之下，顱骨穿孔則較為簡單、直接。

　　維拉諾表示，古代醫生用來切穿頭骨的方式有幾種，不過就當時的存活率來看，最成功的是「刨削法」。如果直接鑽入骨頭，可能會刺穿硬腦膜，所以零醫師應該是小塊小塊地將顱骨給敲削下來。

　　把顱骨削穿後，零醫師接著會遇到像果凍般壓入硬腦膜的半凝固狀血液，也就是硬腦膜下血腫。他一旦移除血腫，藉此釋放壓力後，效果會非常驚人：病患腦部表層的神經元會再度觸發，感覺迷茫、身體癱瘓和說話含糊等症狀也都會消失，任誰見了都會覺得是奇蹟。與現代開顱手術不同的是，當時還沒有用鈦板覆蓋穿孔處的技術，所以病人離開時，頭骨會缺一塊，但癒合的頭皮終究會把洞蓋住，有些人術後還活了好幾年。

相關證據清楚地顯示，顱骨穿孔術後來使用過度，所以長期而言，手術的成功反而成了一種詛咒。就某些頭骨的狀況來看，醫生即使是處理不適合顱骨穿孔的頭痛症狀，都還是選擇動手術；此外，祕魯有個孩子的頭骨有發炎痕跡，應該是中耳感染，痛得很厲害，但醫生也似乎決定進行顱骨穿孔，把感染的部分切除。不幸的是，手術非但無效，還使症狀大幅加劇——開孔會讓感染擴大到硬腦膜，最後可能引發致命的細菌性腦膜炎。由於顱骨並沒有痊癒，因此那孩子大概沒能存活。

不過即便是適合動手術的案例，零醫師有許多病人術後的長期狀況其實也不是非常理想。病患一開始必須接受顱骨穿孔，可能就是因為頭骨嚴重裂損，即使術後存活下來，先前的創傷仍可能造成長久性的影響。一篇在 1985 年發表於《神經學》期刊（*Neurology*）的研究指出，在顱骨曾穿洞的病人中，超過半數的人後來都罹患癲癇，也或許就是因為這樣，零醫師才會二度為他們進行顱骨穿孔。可惜的是，這種手術對於癲癇並沒有效，病人終究也難逃一死。

零醫師離世時，部落成員可能有舉辦儀式或用陪葬品來向他致敬。當時的陪葬品通常是頭帶、項鍊和器具，不過恩西賽姆的居民或許是採取不同做法，用零醫師當做世上第一把手術刀的黑曜石刀來紀念他。

10

第一個騎馬的人
是誰？

如果把人類在地球上生存的時間壓縮成一天，
那麼這件事，是發生在**晚上 11 點 33 分（5600 年前）**。

●

5600 年前
第一次有人騎馬

哈薩克北部有一處考古遺址，是遠古時代的波泰文化
（Botai）聚落，在 2006 年，動物考古學家珊卓·歐森（Sandra
Olsen）帶領團隊在當地挖掘古代人類留下的垃圾坑並檢驗
土壤，結果發現了厚厚一層馬糞，歷史有 5600 年——對馬類
歷史學家而言，簡直就像挖到金礦一樣。

從古至今，沒有任何文化族群會特別把野生動物的糞便
拿去丟棄，所以歐森發現的，其實就是人類馴化馬匹的最早證
據。波泰文化的垃圾坑有馬糞，就好比現代的垃圾桶有貓狗大
便一樣。未來的歷史學家如果挖到，就會發現其中沒有熊糞，

並據此推斷我們曾與貓狗一起生活，但不會在家裡養熊。

　　波泰遺址的遠古馬糞，是人類馴化馬匹的最早證據。不過許多研究人員認為，波泰人的馬是來自西方某些較早開始馴養動物的古老放牧文明，所以到底是誰最先將馬馴化，學界至今仍有爭議。

　　不過，大家對於馬匹最初的用途倒是很有共識：不是用來騎乘，而是當成食物來源。馬可以提供肉和奶類，而且對於生活在高地草原的民族來說特別重要，因為雪上無法牧牛或牧羊，但可以養馬。目前，並沒有證據顯示首批馴化者會騎馬，可能是缺乏控制工具的緣故。當時的人並沒有馬鞍、馬鐙，也沒有最重要的韁繩，在無法轉彎或暫停的情況下，根本無法長時間騎馬，還可能會摔斷骨頭。或許偶爾會有人將騎馬當成特技來表演，但沒套韁繩的馬基本上就像欠缺手把的機車一樣，騎起來刺激，卻不是太理想的行動工具。

　　直到波泰人改變了這一點。

　　在 2009 年，考古學家大衛・安東尼（David Anthomy）在波泰考古遺址進行研究時，發現了一排磨損型態很奇特的馬齒。在人類的運輸工具史上，這個實體證據的重要程度足以媲美阿姆斯壯在月球上的鞋印，以及德國那條最早留下車轍的路。

那些磨痕並不複雜，就只是馬的前臼齒上刮了幾道紋路而已。安東尼研判後，認為這種明確而特殊的刮痕，應該是人在用韁繩操控馬匹時留下的。

和月球表面的鞋印及古老道路相比，磨損的馬齒似乎不太夠看，但這些留有磨痕的牙齒象徵著一個重大里程碑：在人類史上，第一次有人能以快過雙腳的方式在陸地上移動。

無論發明韁繩的究竟是誰，這個人都開創出了前所未有的全新局面，並不只是改善陸上交通而已。

所以第一個騎馬的人是誰呢？

我稱他為拿破崙（Napoleon），名字取自波蘭生理學家拿破崙・齊布爾斯基（Napoleon Cybulski）。齊布爾斯基是世上第一個將腎上腺素提取出來的科學家，在拿破崙靈光乍現、騎上馬背的那一刻，這種激素想必是一大功臣。

拿破崙在將近 6000 年前生於哈薩克北部，大約就是那個年代，位在西方數千公里遠處的文明開始形成，不但鑄造青銅器具、建立早期城市，甚至也已經有文士把世上最早的文字刻到泥板上，不過他對這一切都不知曉。拿破崙所屬的波泰文化對馬異常喜歡，著迷至極，他平常不是在照顧圈養的馬匹，就是步行到野外獵捕野馬。馬肉是他的主食，馬奶也是主要飲品，早上喝完會放著發酵，等到傍晚變成氣味濃烈的乳酒後，再次拿來飲用。除了馬和狗以外，拿破崙並未飼養其他動物，也沒有種植穀物；他會把馬的骨頭當成工具，用馬鬃做繩子，也會將馬皮製成皮革；過世時，親人可能也會將他與馬同葬。

安東尼表示，拿破崙即使在發明韁繩前就騎過馬，但應該也只騎了一下子，而且是如牛仔競技般的表演性質，如同前額葉皮質還沒發展成熟、不知危險的那種青少年會做的事。拿破崙如果生在現代，可能經常得到醫院報到；心理醫師應該會說他太容易因為新奇的事物受到過度刺激，一般人則大概會認為他對腎上腺素飆高時的刺激感上癮。

拿破崙跳上的那匹馬騎起來雖然危險，但其實已經馴化——當時的馬歷經數千年的人擇後，已變得十分溫馴，而且習慣人類的存在了。學者無法確定馬的馴化是在哪裡、何時，又是如何開始，但現在，多數的古代動物學家都相信人類一開始並沒有以馴養為目標，只是意外得到這樣的結果。當時，生活在大草原的部族為了確保肉類來源穩定，會把野馬關在聚落附近；後來，由於獵馬人常把較難控制的野馬宰殺，讓乖巧的馬繁殖，所以馬就演變成溫順的動物了。

在動物王國中，馴化是非常罕見的現象。地理學家賈德‧戴蒙（Jared Diamond）表示，動物必須要有六種不同的行為與生物特徵，馴化才可能成功：第一是不能和人搶食，譬如豬就是吃剩菜剩飯，如果專吃草這種人類不能食用的東西，那就更棒了；第二，必須要能在被關起來的情況下繁殖，像是獵豹這種需要長程競逐以進行交配，而且領土宣示行為複雜的物種，就不太可能；第三，必須很快就進入熟齡，這樣人類才能快速培育並享受成果；第四，必須是有社會層級之分的群居動物，譬如狗就是一例。群居動物多半有服從的傾向，所以人類可以擔任領袖角色；第五：不能太易受驚嚇或有強烈的逃生本能，所以像是鹿就不行；最後，必須天性溫順或是養育後會變得聽話。舉例來說，斑馬好鬥性格難改，即使進行選擇性育種，而且考古學家也認為人類曾多次嘗試，但仍舊難以馴化。

人類成功馴化的動物之少，顯示要同時符合上述這六項條件有多不容易。在長達 2000 年時間，人類都未能馴化什麼重要的新物種（沒有瞧不起鴕鳥的意思哦），而且目前全球大部分的肉類都來自僅有的三種馴化動物。當初之所以馴馬成功，可能也只是因為剛好遇到一隻異常乖巧的公馬而已。母馬天生就會跟從在群體中帶頭的公馬，但野生公馬有侵略性，並非天性順從，會為了母馬相爭，並本能性地去尋找或帶領一整群母馬，所以人類想要圈養，肯定不容易。現代馬的基因研究資料顯示，雖然有許多野生母馬受到馴化，但這樣的公馬可能只有一匹，就像伊甸園裡的亞當一樣。照道理來說，這隻馬的性情應該相對穩定，在野外或許也有成功交配過幾次，但在早期的馬圈中，顯然更是大受歡迎。

到了拿破崙的生存年代，人類養馬已經不知有多少個世代了，不過在他發明韁繩之前，沒有人能控制住這種動物，所以馬一直都只是食物與材料的來源而已。

最早、最簡單的韁繩是我們現在所說的「馬勒」（war bridle），其實就只是用皮繩圈住馬的下顎，然後用木塊固定住而已。由於馬正面的門齒和後方臼齒中間有縫隙，繩子可以卡在裡頭，所以這項精巧的發明能讓人輕易地引導馬匹，現代韁繩上的金屬馬銜也是嵌入這個縫隙，放在牙齦上。馬韁一拉，繩子就會壓迫到牙齦，讓馬反射性地將頭和身體轉向人拉的方向，以減輕疼痛。

這個工具並不複雜，但效果可以很好。北美大草原的美洲原住民並沒有馬鞍，但對韁繩使用得當，所以堪稱全世界最會騎馬的族群之一。

不過，韁繩的設計雖然簡單，背後的概念卻相當複雜。在人身安全方面，拿破崙或許是不太明智沒錯，但說到馬，他可是十分精明。他熟悉的動物都不需用到什麼明顯類似韁繩的用具，而且他也不可能是沿用牧養牛羊的工具，畢竟這兩種動物的嘴部構造都和馬不同。他究竟是如何想出韁繩的點子，我們至今仍只能臆測，不過他為了控制住馬，應該是把能卡繩子的地方全都試了一輪，最後才發現正面的門齒和後方臼齒中間有個獨特的縫。拿破崙之所以能發明出馬韁，最合理的解釋或許就是他對馬的構造瞭若指掌，即使他是生在對馬著迷的族群，在這方面的發現還是特別出眾。

在人類運輸史上，沒有哪個片刻比得上拿破崙靈光乍現的那一瞬間。他知道該如何讓馬兒剎車，也因而能把速度飆得更快。只要把韁繩的位置放對，就可以順利加速，因此在後來的 5000 多年間，騎馬都是陸地上最快的移動方式。拿破崙的發明讓騎馬變得快不可當，直到 1830 年 8 月 28 日才被蒸汽火車拇指湯姆號（Tom Thumb）打敗。

可想而知，速度徹底改變了大草原上的生活。

安東尼認為，波泰人後來開始騎著馬到各處獵馬，生產力大幅提升，但文化結構也因而改變。西班牙人在 16 世紀把馴化的馬帶到美洲，導致北美大草原的美洲原住民開始騎馬打仗，一如美國西部的一名商人在 1851 年所寫，「即使是在有最佳獵物的國家，如果只靠雙腳，要跟騎馬的對手競爭，仍舊是無法存活。騎馬陣營可以迅速捕捉獵物，想要的都抓得到，而且還會把動物追趕到走路的人到不了的地方。」

對於大草原上的居民而言，馬帶來的速度還有另一個比較陰險的用途。在拿破崙發明馬韁前，搶劫行動中最危險的部分就是逃跑。盜賊是可以嚇得目標措手不及，並偷走對方的東西沒錯，但如果受害者心懷恨意且握有武器的話，那只靠雙腳撤退可能會造成很嚴重的後果。安東尼表示，有了韁繩以後，馬匹成了世上首見的逃跑工具，也使情勢變得對入侵者比較有利。

這樣的改變造成了破壞性的危險後果。由於沒有文字記錄，我們很難確知拿破崙發明韁繩後，中亞的入侵事件是否有增加，但人類開始騎馬時，大草原上的村莊也紛紛築起了嚴密的防護圍牆，時間點似乎有點太湊巧。愛冒險的拿破崙製造出馬韁後，可能也使偷東西變得簡單，對草原生活來說，可說是一記噩耗。

一開始，士兵可能只是把馬匹當成前往戰場和離開時的交通工具，並沒有真正騎到場上打仗，主要是因為當時的武器無法在馬背上施展。一直要到近千年以後，俄羅斯大草原的辛塔什塔（Sintashta）文化才終於建置戰車，進而發展出騎兵。後來，弓箭的創新讓成吉思汗的士兵得以一邊騎馬，

一邊射箭，也使全亞洲都對他聞之色變。從因為拿破崙而
猖獗的盜賊，到二次大戰初期在克羅加提戰役（Charge at
Krojanty）衝鋒陷陣的波蘭騎兵，在將近 6000 年時間，馬
在戰爭中的角色都令人生畏。

　　不過，韁繩對社會帶來的最大影響，應該是資源重新分
配、社會分層，以及階級和地位的出現。騎馬放牧可以控制
的牛羊數，是只靠走路的兩倍，所以放牧族群中的所有權、
權力與財富也開始集中到少數人手中。考古學家發現，韁繩
發明後，墳墓裡的精美陪葬品也大幅增加，是最能顯示出收
入不平等的考古證據。

　　拿破崙最後也進了這種內含貴重陪葬品的墳墓，死因可
能是減速過快，釀成悲劇。他發明出有利加速的馬韁時，不
僅開創了新的生活方式，同時也創造出前所未見的死法。由
於天擇機制並沒有讓人族像怕蛇或怕高那樣害怕速度，所以
拿破崙並不瞭解韁繩的風險，也對速度的威脅毫無防備。身
為愛冒險又愛炫耀的天才，他很可能是在馬兒全速奔馳時摔
落——率先讓馬跑出速度的他，或許也成了第一個因而喪命
的人。

11

誰發明了
輪子？

如果把人類在地球上生存的時間壓縮成一天，
那麼這件事，是發生在**晚上 11 點 35 分（5400 年前）**。

●

5400 年前
第一個輪子出現

在輪子發明的數十萬年前，曾有個不幸的人族同胞踩到不穩的石頭或圓木，並在即將摔破腦袋之際，瞭解到圓形的物體與地面之間的摩擦力較小。

這位同胞想必最後活了下來，所以古代的滾輪才會那麼常見。不過說是滾輪，其實就只是放在重物底下的圓木罷了，埃及人建金字塔、美索不達米亞人運送沉重設備時都有用到，玻里尼西亞人也曾用來搬運復活島的摩艾石像。不過滾輪一旦往前滾動，就必須不斷置換，所以效率不是很高，就算固定在底部，也會因為摩擦力而很難轉動。後來，有人靈機一動，想到可以用輪軸來解決這個問題。滾輪雖然歷史悠久，卻要到大約 6000 年前，才有一位英明的製陶工匠把輪與軸結合在一起使用。

迄今最早的輪軸並不是用於貨車或推車，而是出現在美索不達米亞一名製陶工匠的陶輪上。陶輪這種工具看起來雖然單純，卻是目前最古老的證據，可以證明有人發現轉盤的中心點不會移動，並善用了這項機械特性。觀察到這個現象的人可說是天才無比，而且十分創新，畢竟自然界並沒有明顯的相似機制，所以這個人究竟怎麼會想到這個點子，我們並不清楚，或許是因為看到珠子在繩子上轉也說不定？總之，他所使用的柱狀物叫「輪軸」（axle），許多學者都認為這是人類史上最偉大的機械發明。

不過陶輪出現後，人類又再歷經了一次智力大躍進，才開始利用多個滾輪滾動物體。世上最古老的輪軸是以陶土製成，所以這套完整的滾輪裝置，應該是由一位有小孩的陶藝工匠做出來的；輪軸長約 5 公分，裝置在滾動式小型動物雕像底下。

換句話說，世上第一輛有輪子的交通工具，是個玩具。

一如我先前所述，考古學家普遍不太願意用玩具一詞來描述古物，不過這個例子卻有難以否認的證據。

1880 年 7 月，考古學家德西雷・夏奈（Désiré Charnay）發現了美洲前哥倫布時代的第一套滾輪裝置，裝在一隻小土狼底下，出土於墨西哥城南方一名阿茲特克孩童的墳墓。

　　夏奈在他的書《新世界的古老城市》（*The Ancient Cities of the New World*）中推論道，這只玩具應該是個紀念品，「是由一名慈愛的母親……在多年後，埋進她親愛的孩子墓地裡。」

　　這名阿茲特克孩童的生存年代，比在高地草原的滾輪發明者晚了數千年，但又比帶著輪子來到美洲的歐洲人早，也就是說，在新世界和舊世界，都有以製陶為業的家長各自發明了輪子和輪軸，並製作出玩具。

　　輪與軸的發明是如此偉大，所以若說起初的動機可能只是為了做出玩具這種細瑣的小東西，我訪問過的考古學家都不太願意相信，但工程師可不這麼想。他們認為，輪與軸如果是一開始就用於 200 多公斤的貨車，那當然很厲害，可是大型發明出現之前，幾乎都會先有小型版本，也就是現在所說的模型或原型。這種版本在製作上遠比大型物件容易，而且快上許多，還能讓發明者迅速察覺潛在的問題，找出解決方式。

　　不過，把滾輪用於玩具的發明者雖然聰明，卻沒能以此帶來社會變革，要到數百年後，才有人把模型版本放大成一般大小的輪子，使社會歷經了重大改變。

正常大小的貨車（wagon）最早出現在大約 5400 年前，這可能是史上第一項掀起旋風的發明，從伊拉克南部到德國都曾出土，而且年代綿延了數百年。當時，各文明之間的隔閡很難突破，可見貨車的實用度有多大的吸引力。

貨車為什麼成長得這麼快呢？我曾問過《馬、車輪和語言》（*The Horse, the Wheel, and Language*）的作者安東尼，他說這種交通工具的大小可能就是原因之一：「當時的人大概都沒看過這麼大的木製機械。貨車的聲音很大，速度很慢，是由一整群公牛拖著走，而且公牛又是草原上最大的動物之一。」

換句話說，貨車就像史前時代的火箭一樣，非常引人注目。迄今最古老的兩個輪子在設計上差異很大，其中一個的軸固定在輪子上，類似現代的火車，另一個則採活動式設計，輪子在轉的時候，軸不會跟著動，就像現在的車子一樣。因此，安東尼認為有些工人在造貨車時，應該只能從遠處模仿輪子的設計，而沒能近距離仔細觀察。

貨車發明並廣獲使用後，立刻對中東及歐洲社會造成了劇烈影響。農業生產力大幅提升，地景也因而改變。以往農夫必須成群結隊地搬運沉重的肥料、種子和作物，但有了貨車以後，單一家庭就可以獨力處理這些工作，而原本多半聚集在河流沿線的人口，也迅速擴散到草原上那些還未開墾的肥沃地區。也就是說，貨車徹底改變了經濟、生活型態、戰爭，甚至是語言。「輪式交通工具出現後，實在對社會和經濟造成了重要無比的莫大影響。」安東尼這麼寫道。

改變世界的是一般大小的輪子，而不是最初那種縮小版的模型；雖然看似只是把東西放大，但要成功辦到，其實也是很需要技巧的。安東尼認為，要製作出放大版的輪與軸，需要非常精巧的工藝，光靠石器不可能完成，必須使用冶金工人當時才剛開始鑄造的錐與鑿；此外，輪子這種東西不能分階段製作，必須一次完成，所以世上第一個正常大小的輪子，應該是由一個人獨力做出來的。

說到這個人的身分，長久以來，大家都認定是不可能釐清了，但近年來，研究人員重建了滅絕已久的語言，並提出有力的全新證據，讓學者得以一窺這位發明者的身分。

因此，正常大小的輪式交通工具，究竟是誰最先製造出來的呢？

我稱這個人為凱伊羅斯（Kwelos），簡稱凱伊。之所以取這個名字，是因為古代語言學家認為這個字在當時可能是「輪子」的意思。在他的語言中，「kwelos」一詞源於「轉動」這個動詞，所以基本上，凱伊就是把他的發明稱為「會轉動的東西」，相當恰如其分。迄今最早的貨車駕駛出土於黑海東部，是一名埋在貨車上的男性，我以「他」來稱呼凱伊。

凱伊生於大約 5400 年前，由於他的發明廣受歡迎，從中東到西歐，貨車遺跡和考古學上的相關記錄都突然在這個年代的前後幾個世代暴增，所以這個數字背後有相當充足的證據。

雖然凱伊的出生年代已大致確定，但他的發明究竟是誕生於何處，學界至今仍多有爭議。安東尼表示，「貨車流行得太快，實在無法確定確切的發明時間。」就考古學家目前找到的遺跡而言，有兩個正常尺寸的貨車車輪在年代久遠度上不分軒輊：其中一個出土自斯洛維尼亞盧比安納（Ljubljana）的沼澤，另一個則來自黑海東邊的俄羅斯北高加索地區，發現於偉大文明顏那亞文化（Yamnayan culture）的墳墓，而且墓裡不只有一個輪子，還埋了一座完整的貨車，上頭更坐著一名 30 多歲的男性。

光靠考古學，並不足以確定這項掀起風潮的發明最早是出自哪裡。不過有鑑於相關語言證據，我們可以合理推測，和貨車同葬在顏那亞的那名男子，應該住在凱伊最初發明輪子之處附近。許多古代語言學家現在都相信，顏那亞族群是使用一種叫做「原始印歐語」（Proto-Indo-European，簡稱 PIE）的語言。學者重建原始印歐語後，判定這種早已絕跡的語言應該就是凱伊的母語。

「就輪子的相關詞彙來看，關於輪與軸的用語，是由母語人士根據 PIE 的名詞和動詞創造出來的。」安東尼這麼告訴我。舉例來說，PIE 的「aks」（輪軸）這個字是衍生於該語言的「肩膀」一詞，也就是說，講 PIE 語的人並沒有採用外來語，而是以母語中的字詞來指稱輪子與貨車。

這項發現之所以非常關鍵，是因為文化群體在採納外來的技術時，通常也會一併採用發明該項技術的文化所使用的詞彙，譬如西班牙人將菸草從加勒比海帶回母國時，就保留了當地泰諾語（Taino）中的「tabako」一詞（近似於英文中的 tobacco，為菸草之意）。輪子相關語彙的重建結果雖然不能算是牢不可破的證據，但仍顯示凱伊說的應該也是 PIE 語，就跟與貨車同葬在俄羅斯西南部的那名男子一樣。

凱伊會務農、放牧，有養狗、養馬和羊，穿的可能是世上最早的羊毛衣；他喜歡喝蜂蜜酒，也會養牛、擠牛奶來喝；他住在小型務農聚落的長型房屋裡，可能位在河流附近。

根據語言學上的證據，凱伊可能會敬拜男性的天空之神，並宰殺牛和馬來獻祭，而且居住的村莊裡有受敬重的首領與戰士。就顏那亞人的 DNA 來看，他應該有棕色雙眼和暗色頭髮，也可能是紅色的眼睛和帶有橄欖色調的皮膚，不過後者機率很小。顏那亞男性的平均身高大約 175 公分，凱伊在農田上辛苦勞動多年後，肌肉應該也很發達。

　　當然，凱伊的這些個人細節，很多都只是猜測，不過有件事我們可以確定：他造出世上的第一台貨車，在想法和工藝上絕對都是天才，否則不可能說得通。要把玩具放大成真人尺寸的貨車，必須解決工程、設計與木工方面的各種問題，包括安東尼在內的某些學者都認為，第一台貨車出現的時間，之所以只比冶金工人首度鍛造出銅製工具晚了幾個世代，並不是巧合；他們相信，要想製作出可以正常運作的輪子和輪軸，必須仰賴精準的工藝，光靠石器不可能成功。

　　著有《輪子為什麼是圓形》（Why the Wheel Is Round）的史蒂芬‧福格爾（Steven Vogel）寫道，造輪時首先要注意的關鍵元素，就是輪與軸的契合度。輪子如果太緊，貨車行進時會慢到無可救藥，太鬆的話車輪則會搖擺晃動、分崩離析。這些問題在如火柴盒般的縮小版中，都不可能看得出來，而且做模型時，也不必注意軸的直徑和長度比率是否恰當，偏偏放大以後，就會發現輪軸如果太粗，會製造出過多的摩擦力，太細的話，則會因負重超載而斷裂。

　　另一個難題則在於車輪本身：輪子看似單純，但其實很複雜。凱伊如果像在切義式臘腸似地，從倒下的樹幹切一片木頭來當輪子的材料，那一定很快就會失敗。福格爾表示，這麼做的問題出在樹紋的方向，如果用切臘腸的手法剖樹，木片邊緣會難以承重，只要加壓，馬上就會變形。從早期的輪子設計中，我們可以清楚看出凱伊是如何解決這個難題：他用許多直向切割的木片，做成了複合式的輪圈。換言之，他必須小心地把木片釘在一起，然後調整形狀，做成正圓形的車輪。

輪子的大小也非常關鍵。太小的話，車子行經凹洞時會陷落，如果太大，原本就已經很重的貨車則會難以前進。

凱伊工藝精巧，但之所以說他是天才，是因為他不僅瞭解每一項元素的要點，還能全部兼顧。安東尼表示，這種貨車沒辦法分階段組裝，都是一次定生死，要不成功，否則就是失敗，沒有模稜兩可的餘地。雖然凱伊的工藝登峰造極，但如果沒有閹割過的公牛幫忙，車輪仍會顯得大而無當、毫無用處。

人飼養的牛最早是野生原牛，在大約 10000 年前，才由土耳其的晚近納圖夫族群馴化。一開始，納圖夫人養牛只是為了吃肉喝奶，但到了西元前 4000 年時，住在現今烏克蘭地區的邁科普文化（Maykop culture）族群開始閹割公牛並用於勞動，對牛來說相當折磨。「這是前所未見的馴化手段。」

考古學家莎賓・萊茵霍爾德（Sabine Reinhold）這麼寫道,「遠比先前對動物生活的干預都來得更極端。」閹割是一種施加痛苦的暴力行為,會使動物「變得昏昏欲睡,士氣低落。」

受苦的還不只公牛而已。考古學家挖出的顏那亞貨車駕駛身上有 26 處骨折,此外,脊椎、左側肋骨和腳掌的關節也都發炎,顯示他一生遭遇過許多殘酷的經歷,不過這可能並不是特例。最早與貨車同葬的顏那亞遺骸都有多處骨折的痕跡,其中又以手掌和腳掌這兩個部位特別嚴重,可能是因為替牛上軛時,必須歷經一番激烈纏鬥的緣故。邁科普族群會用有穿鼻環的牛來陪葬,某些考古學家認為,這麼做可能是為了稱頌死者把牛收服的成就。

凱伊的貨車重達數百公斤,長寬大約 180 和 100 公分,木製組件會發出尖銳摩擦聲。他第一次將成群公牛上軛,讓牛以步行的速度奮力拉車時,也永遠改變了農業。原本一片農田的沉重作物需要整個村莊的人才搬得完,但有了牛和貨車以後,單單一個家庭就能輕鬆勝任了。

因此,顏那亞文化的家庭會把貨車當成移動式住家,進而從原本相當集中的村莊向外遷徙,散布到歐亞大草原尚未開墾的地方和其他區域。

而且即使到了現在,他們留下的文化遺跡仍歷歷在目。

顏那亞人從北方的高地草原向下遷徙，帶著他們的貨車、文化和語言移入歐洲及東亞。現在，全世界有 45% 的人所說的語言，都是源於凱伊的母語 PIE，包括英文、希臘文、拉丁文、梵文、葡萄牙文、西班牙文、瑞典語、斯洛伐克語、普什圖語、保加利亞語、德文和阿爾巴尼亞語等等，雖然似乎差異很大，但其實都可以追溯至 PIE。

　　另一方面，學者也從近來的 DNA 研究中，歸納出同樣的結論：顏那亞人從大草原向外遷徙，淹沒了西方和南方的文明。這個族群之所以能在文化上制霸，大型貨車是功不可沒沒錯，但其實，有個跟著偷渡的迷你病菌影響力可能更大：研究人員曾在俄羅斯中部找到 5000 年前的牙齒，基因學家分析後，發現齒內存在鼠疫桿菌（Yersinia pestis），也就是黑死病菌的古老前身，因此，顏那亞人在席捲歐洲的同時，可能也無意間使用了生化武器。

　　或許凱伊就是鼠疫桿菌最早的受害者之一，也或許他是死於意外，畢竟迄今最早發現的貨車駕駛身上有 26 處骨折。無論如何，由於貨車很早就廣為流行，凱伊應該是少數幾位在有生之年，就因為自身發明而獲得認可的古代發明家。有鑑於顏那亞人將駕駛與貨車同葬的習俗，或許凱伊過世時，就是最早以這種形式下葬的先例也說不定。

12

第一起神祕謀殺案的
兇手是誰？

如果把人類在地球上生存的時間壓縮成一天，
那麼這件事，是發生在**晚上 11 點 35 分（5300 年前）**。

5300 年前
第一起神祕謀殺案發生

　　黎明前的曙光才剛閃現，一名銅器時代的男子，就已盯著目標從義大利阿爾卑斯山腳的村落出發，行經林木茂密的山麓小丘，等到對方消失在山坡上以後，才安靜無聲地開始整理自己的裝備。

　　這名男子穿上綿羊皮做的內衣和山羊皮緊身褲，用皮帶把草料和羊皮混製而成的外套束緊，將新鮮乾草塞入綁帶式皮靴，把要吃的山羊肉乾放入木枝編成的背包，在腰帶上插了一把打火石製的刀，再把裝滿箭的鹿皮製箭筒綁到背上，並背好長弓，然後就出發去追人了。

他身高大約165公分，體型細瘦結實，腿與肺都很強健，已適應山區的高度和地形。他上山時速度很快，而且動作敏捷優雅，好像一輩子都在爬這些陡峭的斜坡似的。他並沒有緊跟在目標身後，只是不疾不徐地維持與對方相同的速度，因為他知道，眼前的這個男人一定會行經許多人走的那條貿易之路；這條路位在奧茲塔爾阿爾卑斯山脈的頂峰，是因為最近春雪消融才顯露出來的。

他和目標一樣爬上爬下，避開了林木繁密的瓦爾西納峽谷（Val Senales gorge），抵達現在的錫米勞恩山徑（Similaun Pass）南側。他往山脊靠近，看見一縷煙從前方的小壑飄出，於是把弓從肩上取下，從箭筒中抽了一支箭，然後躡手躡腳地往山頂走去。

<hr/>

1991年9月，兩名登山客在奧地利和義大利邊境的奧茲塔爾阿爾卑斯山上，遭遇了可怕的場景。那年夏天異常炎熱，融化了錫米勞恩山徑旁一個小溝渠裡的雪，結果底下竟發現一具手臂扭曲、面目猙獰的男屍。這兩位登山客本以為遺骸的主人是死於前一年冬天的暴風雪，便通知了相關當局，但驗屍人員用氣錘把屍體鑽出來後，發現男子的皮膚已凍乾，因此懷疑他是死於更久以前，身分可能是一戰的士

兵。

但後來，他們又看到了男子的裝備。

他身旁有一把古老的銅製斧頭，幾乎保存得完好無缺，是相當精緻的史前工具。這即使是在他生存的年代都很稀有，過去近5000年來更是沒有人製作或使用過類似的器具。全球各地的考古學家紛紛趕去調查，當地報紙則以他喪命的地點替他取了「奧茲」這個暱稱。學者認為，奧茲的死亡時間比圖坦卡門早了大約2000年。

奧茲的生存年代並不是太過驚人，畢竟考古學家經常發現更久以前的骨骸，但他的遺骸卻是前所未見地完整。在奧茲死後，冰河馬上覆蓋了他的屍體，就像冷凍庫的門立刻關上一樣，將他隔絕在一個小空間裡。因此，5000年後他的屍骨幾乎仍完好無缺。

由於當地氣候冷且濕度理想，他的DNA、皮膚、指甲、器官、毛髮和眼球，甚至是胃裡頭的東西都留存了下來，讓科學家首度能一窺歐洲人在銅器時代的生活。經過20多年的不斷檢驗後，奧茲的遺骸應該已是人類自古以來研究得最透徹的屍體了。

曾與國家地理團隊一同查驗奧茲遺體的史丹佛大學考古

學家派翠克‧杭特（Patrick Hunt）告訴我，科學家已判定出他頭髮和眼睛的顏色、最後一餐吃了什麼、身上哪裡有刺青，也發現他有關節炎和其他許多病症。牙齒上的琺瑯質讓研究人員確知奧茲是出生在哪個谷地；就聲帶重建的結果來看，他的聲音應該沙啞又低沉，聽起來可能有點像牛蛙；此外，他的胃裡有花粉，所以學者得以確認他在人生的最後一趟跋涉中，是從哪一條路爬上奧茲塔爾山。

不過最有趣的，或許是登山客巧遇奧茲的近 10 年後才問世的一項發現。當時，一位放射學家進行了掃描，結果看見了其他研究人員先前都遺漏的細節：有個打火石製的箭頭埋在奧茲的左側鎖骨下方，造成鎖骨下動脈撕裂。一旦受了這種傷，即使是在現代手術台上也很難活命，更別說是幾千年前走在山路上的奧茲了。這項發現平息了 10 年來關於奧茲死因的爭論——他不是病死、跌死或失溫而死，而是被殺死的。

暴力向來都是人類生活的一部分，而且存在時間遠比智人歷史來得更長。人類學家一度認為，殺人和戰爭都是現代社會都市化之下的產物，根據這個理論，我們是在與不認識的人比鄰而居之後，才開始互殺，至於戰爭則是因為國家政權興起而生。不過近年來，這派學者開始遭到強烈質疑，主要原因在於前述理論是奠基於兩項錯誤的假設：第一，他們誤以為猿類先祖在性格上比我們平和，並認定人類之所以會越來越暴力，是演化後的結果；第二，則是低估了遠古時期的暴力事件。在過去數十年間，靈長類動物學家發現黑猩猩相殺的現象遠比人類來得頻繁；另一方面，雖然漁獵採集聚落衝突造成的死傷相對較少，不如國家級戰爭中的那種計劃性屠殺，但當時的聚落人口遠比現在少，而且可能是經常性地在鬥爭，所以暴力事件發生率可能和現代世界最危險的城市差不多，甚至還來得更高。因此人類學家現在認為，智人其實是從誕生之初，就已開始激烈地互鬥互殺了。

不過，我們有一點確實與先祖不同：人類社會越來越把暴力視為禁忌。如果在遠古時代殺人，多半會因而獲得讚譽，而不是招來懲處。不過，隨著合作帶來生存價值，使天擇機制開始有利於比較友善的個性，人類也歷經了學者所謂的「自我馴化」，因此殺人成了一種禁忌，至少在某些情況下是這樣，而且兇手要是被發現的話，有時還可能會遭到報復。

就這樣，世上第一起神祕謀殺案也因而誕生。

考古學家並不確定這樣的轉變是從何時開始，不過奧茲謀殺案是迄今最早能證明兇手殺人後有意潛逃的確鑿證據。相關人員花了 20 年細探史上最多人研究的犯罪現場後，認為證據顯示兇手是奧茲認識的人，而且犯罪後還想盡辦法地掩蓋罪行。

所以究竟是誰殺了奧茲呢？

有鑑於這名兇手可能住在義大利北部的朱瓦區（Juval district），我們不妨稱他為朱瓦利（Juvali）。之所以假設是「他」，則是因為根據 2013 年的聯合國報告，當今全球有 96% 的他殺案件都是由男性所犯，而且其實並不是只有現代社會這樣：考古學家史考特‧布朗（Scott Brown）表示，殺人犯多半都為男性的現象是一種普世文化特徵，從遠古時代就已存在。

朱瓦利生於農牧之家，並不屬於游牧而居的漁獵採集族群。他的祖先是來自古代土耳其的牧民，遷徙到歐洲後，慢慢地藉著暴力與疾病，取代了當地原本的狩獵採集部族，也引入了以耕地、馴化動物和永久性村落為基礎的定居型態。

他可能有棕色眼睛和深色頭髮，如果長相是典型新石器時代歐洲人的話，臉上或許也掛著一絡鬍鬚。當時男性的平均身高大約是 165 公分，加上他身形瘦而精實，所以骨架可能類似現代的馴馬師。不均衡的飲食會導致他生長受限，而且他每天又勞動得很勤，因此上半身應該很精瘦，雙腿則非常有力，但許多關節退化；如果一輩子爬陡峭的奧茲塔爾阿爾卑斯山脈，大概就會發展成那樣。

此外，朱瓦利應該也不太健康。歐洲的第一批農夫和牧民經常營養不良，這是由於洪水或乾旱來襲時，他們賴以為生的少數幾種作物和動物就有可能遭殃，反觀狩獵採集族群的飲食則均衡多元，所以不會因為特定的動植物撐不下去而挨餓。即使當年度豐收，朱瓦利和部族同伴的飲食都還是相對比較匱乏，遠遠不如通常長得較高、較健康的漁獵採集族群。另一方面，與他同住的家畜也會招來害蟲、可能汙染水源，還會讓致命的病毒有機可乘。

嚴重疾病在他這樣的農夫身上很常見，就遺骸來看，許多人的指甲都留有很深的溝痕，又稱為「博氏線」（Beau's lines），是患病的徵兆。朱瓦利可能飽受線蟲、關節炎、萊姆病或潰瘍之苦，這些都是讓新石器時代歐洲人不堪其擾的問題。高澱粉飲食可能導致他滿口蛀牙，陡峭地形則可能使他的關節飽受摧殘。

朱瓦利雖然被不健康的生活型態蹂躪，卻也不是完全束手無策。近來的研究顯示，早期農夫的醫藥技術比我們先前想像的進步許多。杭特表示，朱瓦利可能會使用真菌療法來抗菌，也會用骨針將炭刺入關節來緩解發炎現象。

朱瓦利從事什麼行業，研究人員並不確定，主要是因為無法確知銅器時代的歐洲有哪些職業。當時是一定有牧羊人、農夫和銅匠沒錯，但會有店員、理髮師和裁縫師這樣的職業嗎？20 年前，學者相信新石器時代的歐洲人從事經濟的主要目標是生存，但如果仔細探究奧茲的鞋子，就會發現當時的地方性經濟可能比許多學者認定的複雜許多。

　　那雙鞋本身並沒有什麼稀奇，我曾在義大利波爾察諾（Bolzano）的南提洛考古學博物館（South Tyrol Museum of Archaeology）隔著玻璃看過它，基本上，看起來就像幾條挖空的麵包用繩子綁在一起。不過，奧茲的遺骸出土後，很快就激起了彼得・哈瓦挈克（Petr Hlavác ˇek）的興趣。哈瓦挈克是捷克茲林的鞋類技術教授，他按照奧茲那雙有草料襯裡的綁帶皮鞋，重製了一模一樣的 7.5 號登山鞋，並且實際測試，不但到冰上滑、到水裡泡，還穿去爬歐洲群山，最後宣布這雙鞋根本是「奇蹟」——草料隔絕了寒意，讓腳即使在雪地都能保持溫暖；此外，柔軟的皮製鞋底提供超強抓地力，壓力分配效果甚至比現代登山鞋還顯著。捷克登山家瓦克拉夫・帕帖克（Vaclav Patek）穿過後也讚不絕口：「只要穿上這雙鞋，無論是歐洲的哪一座山都能征服。」哈瓦挈克相信除了專業鞋匠之外，不可能有任何人能做出這種等級的鞋。這雖然不能做為證據，但仍顯示朱瓦利的村落或許已經有十分多元化的職業了。

奧茲的鞋是如此進步，再加上當時可能已經有專業製鞋匠，顯示學者對於歐洲新石器時代的商業狀況瞭解得多麼少，所以要猜出朱瓦利究竟是做什麼的自然很難，不過他最有可能的職業就是牧羊人。

無論是當時或現在，牧羊在義大利阿爾卑斯山脈的山腳都是主要維生方式。時至今日，走在奧茲塔爾阿爾卑斯山脈時，都還是會聽見牛鈴和羊鈴響徹山間。不過，說朱瓦利可能是牧羊人，並不只是胡亂猜測而已，殺人這種行為也是他可能以放牧維生的跡象——古代的放牧族群生活在毫無法紀的大環境之中，特別容易有暴力傾向。

農夫的財產緊緊地和土地綁在一起，相較之下，牧者畢生的積蓄卻是有四隻腳的動物，所以很容易被偷。在現代法律出現之前，他們如果遭遇搶劫，就只能還以暴力，藉此保護自己。再加上沒有公正的法庭負責調解，所以放牧的人遇到挑釁、威脅或小偷時，經常會反應過度。

即使是到了比較晚近的年代，都還是可以看到這種有點扭曲的反應所造成的結果。在中世紀的英國，法務體系的功能比戶政事務所還弱，因此，當時的放牧村落兇殺率非常高，可比現代戰場。在 1340 年，英國牛津的牧者與農夫大肆互相殘殺，每 10 萬個公民就有 110 起殺人事件，比例超過現代社會的 10 倍。

考古學上甚至還有某些獵奇的發現，顯示朱瓦利那個年代的暴力情事可能更為極端。全球許多知名的考古遺址都有令人毛骨悚然的遺跡，像是碎裂的頭骨、刺入體內的箭頭，以及被人割喉或勒死的痕跡。在最早出土於北美的骨骸之中，有一具是哥倫比亞河岸（Columbia River）的肯納威克人（Kennewick Man），這具有 9400 年歷史的骨骸，骨盆處有石製的矛尖；林多男（Lindow Man）出土於英國的泥炭沼澤，遺體保存得非常好，大約 2000 年前，他因為被人割喉、斷頸且頭骨粉碎而死；2500 年前的圖倫男（Tollund Man）出土於丹麥，屍體在沼澤中保存得完好無缺，甚至看得出他臨死之際的表情，也可以看到頸上那條吊死他的繩索；另外，考古學家道格拉斯・普萊斯（T. Douglas Price）也曾帶領團隊在瑞典挖掘出這個時期的墳墓，根據研判，其中有 10% 的人都是暴力致死，相較之下，每 10 萬個現代人中，只有 1.4 人是以這種方式慘死。有鑑於相關證據，在朱瓦利放牧的村落，殺人事件應該不算稀奇。

南提洛考古學博物館近來聘了專辦他殺案件的警探亞歷山大・霍恩（Alexander Horn），請他來幫忙調查奧茲的命案。霍恩比照其他殺人案的偵辦手法，一開始就先探究朱瓦利的動機，並很快排除了搶劫的可能性，因為奧茲那把罕見的銅製手斧就是最有力的證據——換做是在現代的話，那斧頭就像勞力士一樣，兇手不可能看到死者戴在手腕上卻不拿走。除了排除搶劫外，他也認為不是敵對的部落對奧茲放箭，否則對方應該會把手斧帶回去當戰利品。霍恩表示，殺人犯之所以留下斧頭，最可能的原因就是他和奧茲有共同朋友，如果拿了，肯定會被發現；換言之，朱瓦利應該認識奧茲，雖然只是猜測，但目前看來，這是最有可能的解釋。

維吉尼亞大學的社會學家唐納‧布萊克（Donald Black）表示，在現代的殺人案中，只有不到一成的兇手是為了實際得利，譬如搶劫就是屬於這類動機。多數的他殺案件都宛如死刑，兇手會對死者進行審判，在定罪後判刑並親自處決，而且覺得自己這麼做合情合理。雖然把現代的他殺分析用於這麼久以前的案件似乎有點扯遠，不過奧茲手上還有一道深及骨頭的割痕，也可以視為朱瓦利應該是想復仇的證據。

霍恩說那道割痕是典型的自衛傷口，就癒合程度來看，奧茲應該是在喪命前的大約 48 小時受傷；杭特也告訴我，奧茲身上那把打火石刀的尖端已經斷掉，根本沒有用。他上山時大概不會平白無故帶一把壞掉沒修的刀，所以刀應該是在他死前不久才折斷的；最後，研究人員更在奧茲的斗篷上找到了他人的血跡。綜合血跡、斷刀和手上的傷痕這幾項因素，我們可以研判奧茲在死前的 24 或 48 小時內，有讓他人受傷，也或許有殺人。人類長久以來都有復仇心，因此，霍恩認為朱瓦利可能認識奧茲這名受害者，所以才會有強烈的殺人動機，並尾隨奧茲上山。

朱瓦利射殺奧茲那天，天氣肯定不錯，奧茲胃裡的培根和麵包上有炭的餘燼，顯示他曾在山徑上的小溝旁生火，並愜意地吃午餐。就食物在消化系統中的位置來看，研究人員認為他應該是在死前半小時左右吃完人生的最後一餐。

彈道分析的結果顯示，朱瓦利離奧茲大約 30 公尺遠，而且是從左下方放箭。30 公尺大概跟籃球場一樣長，再加上他使用的是史前武器，所以這樣的距離實在很了不起，就連現代弓獵手要用碳纖維製成的箭來射鹿時，都會希望可以比這更靠近一點。不過朱瓦利可沒射偏：他的箭刺入奧茲左側的肩胛骨，並射穿為手臂提供血液的主動脈，最後停在鎖骨下方。動脈出血後，奧茲幾分鐘內就喪命了。

朱瓦利肯定知道自己正中紅心，於是來到奧茲身旁，把躺在那兒奄奄一息的奧茲翻面，並用力把箭從他背上給撐出來，所以才會留下箭頭，屍體肩膀扭轉的角度也才會那麼詭異。考古學家在探勘現場發現了 14 支箭，但全部都是奧茲的，朱瓦利則 1 支都沒留下。霍恩相信，朱瓦利的箭應該會洩露他的身分，所以他才拔走，原因就跟現在的殺人犯把彈殼撿走一樣。他甚至還可能把屍體也埋進了雪裡，所以奧茲的遺骸才保存得那麼完整。

朱瓦利無所不用其極地想掩飾罪行，但他的這些手段最後都成了最明顯的罪證。如果只是想在沒人看到的情況下殺害奧茲，根本不必跟著他上山，可見朱瓦利不僅不要旁人看到，也不希望奧茲的死因被發現。他尾隨奧茲走上錫米勞恩山徑，動機非常明顯，顯然是村民如果知道奧茲真正的死因，必定會把他視為頭號嫌疑犯。為了隱匿殺人情事，朱瓦利尾隨奧茲爬上阿爾卑斯山，想必是認為把屍體留在那麼偏遠的地方，就不會有人發現。

事實證明，他這如意算盤實在是打得再好不過了。

13

現知第一個名字
的主人是誰？

如果把人類在地球上生存的時間壓縮成一天，
那麼現知的第一個名字，
是出現**晚上 11 點 36 分（5000 年前）**。

●

5000 年前
現知的第一個名字發現

1974 年 11 月 24 日，考古學家唐納・喬韓森（Donald Johanson）在衣索比亞哈達（Hadar）附近的一個小壑裡，看見了一塊很小的骨頭。後來，這塊骨頭成了人類演化樹上非常關鍵的一道分支。

骨頭的主人是 320 萬年前的一名女性，她既非智人、也非猿類，是全新物種，後來一般暱稱為阿法南方古猿（Australopithecus afarensis）。在發現骨頭後的那幾個月內，喬韓森和團隊相繼挖出了她全身將近一半的骨骸。喬韓森後來曾表示，當時「超過 300 萬年前的人類演化相關證據很少，用幾根手指頭就數得完。」因此，他們的發現讓考古學界眼睛為之一亮，同時也引發了大眾的想像。這位遠古的人族先祖很快就成了史前界的超級巨星，或許根本可以說是唯一的巨星。根據喬韓森的說法，之所以會如此，主要是因為考古學家為那塊骨頭取了一個名字：露西（Lucy）。

這名字是隨意取的，只是團隊當時在營地播披頭四的歌，剛好聽到而已，但取名一事為古老的遺骸注入人性，也讓現代讀者對這名重見天日的遠古親戚感到十分親切。再說，要想出「名」的話，總得要有個名字給大家叫才行。

其實考古學家經常被迫替史前的人或地點命名，露西只是最有名的例子而已。當然，我們並不知道露西的家人和朋友是怎麼叫她，或許她根本沒有名字也說不定。超過6000年以前的個人、城市和文化究竟叫做什麼，學者幾乎無從得知。我們現在對於相關人物和地點的稱呼，完全是現代人自行虛構出來的，有時是按照當地的地理特徵取名，有時則只是剛好聽到電台在播披頭四的歌罷了。

在書寫系統出現前，估計約有 15 億名智人曾存在世上，然後死亡。我們不知道其中任何一人的名字，也永遠不可能得知。不過事實上，文字發明後，也只有某些地方的某些人在使用，所以即使是生長在已經有書寫記錄的年代，名字能留存下來的人也不多。學者有辦法研究出 5000 年前的冰人奧茲死前最後一餐吃了什麼（詳見第 12 章），但卻不知道他的真名；第一個踏上美洲的人和肖維洞穴、拉斯科洞窟的偉大畫家叫做什麼，也沒人曉得，甚至連畫家當年是如何稱呼這些山洞，都無從得知。一直要到美索不達米亞文明興起，文字也發明之後，人名才終於得以流傳下來。現知第一個名字的主人並不是什麼征服者，也不是國王、皇后或王子，而是個記帳士——說起來其實也有道理，因為文字之所以會出現，讓人名得以留存，就是因為有記帳士，而不是因為國王或征服者。在許多人眼裡，這個職業可能不太有發揮創意的空間，但許多學者卻認為，在「語言」這個人類史上最有創造力的發明背後，記帳士就是推手。

文字並不是誰突然一個靈光乍現，就馬上發明出來的。書寫系統一開始是源起於美索不達米亞地區，並在近 5000 年間慢慢發展成型，為的是要解決一個越來越複雜的問題：把你的和我的分個清楚，最重要的是，還要把你欠我的給算個明白。數千年之後，印加人也獨立發明出了「奇普」（Quipu）這種完全不同的記事方法，是以繩結為記錄方式，不過發明原因也一樣，就是為了記下債務和所有權。

在美索不達米亞地區，文字是始於代表實物的泥片。

1960 年代，隨著古代美索不達米亞城市的挖掘工作實際開始進行，考古學家也找到了形狀各不相同的泥片，小小的總共有好幾千片，造型多元。有些看起來像動物的頭，有些外圍刻了一圈記號，有些像是裝飾物，有些則像陶匠隨意捏出來的。考古學家很困惑，沒有人知道那是什麼，也看不出重要性，所以當時就只是在報告上註明有挖到這些東西而已，有些泥片甚至還被丟掉。一直到 1980 年代，歷史學家丹妮絲・詩曼特 - 貝瑟拉特（Denise Schmandt-Besserat）和皮爾・阿密特（Pierre Amiet）才得出一個驚人的結論：這些泥片具有象徵意義，並不是飾品、藝術品，也不是隨手捏出來的作品，而是人類發明文字的第一步。

　　對於這種象徵性泥片的使用方法，詩曼特 - 貝瑟拉特是這麼解釋的：假設你在 9000 年前的古代美索不達米亞牧牛維生好了，當時已經有貿易行為，但型態相對直接，如果鄰居跟你要一頭羊，但沒有東西能拿來交換，那你會先把對方欠的給記下來，就像我們現在也會記下朋友欠了什麼一樣，簡單明瞭。

　　但隨著美索不達米亞的人口增長、聚集，貿易量也跟著大增，交易行為很快就變得太過複雜，要記住誰欠誰什麼，根本不可能，也就是說，商業活動的繁複程度首度超越大腦能記住的資訊量了，正因如此，美索不達米亞人才會開始使用簡單但充滿巧思的代表性泥片。有人需要你的牛時，會拿做成牛角形狀的小泥片來換，這樣哪天你如果需要對方的羊，就也可以拿當初的泥片去交換。聽起來是有點像錢沒錯，但實際上並不是，至少當時還沒發展到那樣的程度，因為要有一定的抽象性，才能算做貨幣。不過，既然已是債務交換機制，最後促成貨幣的誕生也是很自然的，畢竟撇開抽象性不談的話，現代的錢其實也就是政府欠我們的債，想喝可樂時，只要把象徵這份債務的實體貨幣拿去跟店員交換就行了。

由於貿易活動日益繁複，泥片又四散各處，這樣的交換機制後來也變得難以維繫，所以在大約 6000 年前，美索不達米亞的商人開始把泥片黏成中空的球。這種泥球就好比世上最早的檔案櫃，可以將不同的交易分門別類，避免搞混。不過檔案櫃通常都需要分類標籤，所以放牧族群也開始把泥片的圖案壓印到泥球的表面上。這個方法看似簡單且毫不稀奇，但其實是實體物品演化成抽象符號之前，很重要的一個過渡階段。

不過當然啦，抽屜裡放一大堆亂七八糟的球，大概不是做生意的長遠之道，所以美索不達米亞人又再往更抽象的階段發展，開始把泥球和符號都壓印在泥板上，並將每一筆交易都用不同的方塊框住，基本上可以視為最古老的文法規則。這些泥板可容納的資訊遠比先前的方法多，而且格式清楚，讀起來也容易得多，最棒的是，還不會像球那樣滾走。不久後，美索不達米亞的記帳士就完全捨棄了球和泥片，只在泥板上做記號了。

接下來，記帳士也很快就開始把含有身分資訊的符號壓印到泥板的表格上。考古學家挖出其中一張表格後，判定年代比迄今的所有發現都來得久遠，接著又翻譯了記帳士在底部留下的記號，就這樣得到了世上第一個名字，就好像對方直接向我們自我介紹似的。這是學者第一次不必用披頭四的歌、山脈或當地的村莊來為前人命名。

這位記帳士叫做庫辛（Kushim）。

庫辛生在 5000 年前的古代美索不達米亞，也就是現在的伊拉克南部，埃及最早的象形文字是在數百年後才出現的。庫辛並沒有留下性別相關記錄，不過亞述文化專家班特‧歐斯特（Bendt Alster）表示，早期的美索不達米亞格言多半是以男性觀點撰寫，所以一般認為當時負責書記的文士多半都是男性。

庫辛生活在波斯灣北邊的幼發拉底河岸，也就是幼發拉底河和底格里斯河之間的地區。這兩條河一度很靠近，幾乎要匯流，最後也都注入紅海。兩河將肥沃的土壤沖入谷地，古老河道和週期性洪泛也造就了全世界最豐饒的農地。這些土地孕育出的作物為世上最早的大型都市提供了糧食，當時規模最大的城市烏魯克（Uruk）也是其中之一，庫辛就住在那裡。

烏魯克是美索不達米亞地區的貿易中心，人口估計有50000人，全都住在密密麻麻的泥磚屋裡。這個城市有貴族機制，也有負責發放穀物和啤酒的大型神殿，以及課綱同質性超高的學校。考古學家總共找到165份相同的寫作練習，年代綿延超過1000年之久。這項練習中列出了各種職業，可說是美索不達米亞學校的標準化測驗，由擔任文士工作的老師代代相傳，傳了將近美國歷史三倍長的時間。

庫辛識字，所以應該讀過這種學校，也就是說，他並不屬於奴隸階級，光憑這點，我們就知道他大概是屬於排外的高社會階層。奴隸在當時的人口和勞動力當中，都占了很高的比例，光是烏魯克的一間紡織工廠，就有數千名奴工，遍布城市各處的灌溉渠道，大概也都是被奴役的族群挖出來的。美索不達米亞早期的許多文字記錄都和奴僕的掌控權有關，繼庫辛之後，奴隸主迦沙（Gal-Sal）的名字也在歷史上流傳了下來，另外還有他的兩個僕人恩帕X（Enpap-X）和蘇卡吉爾（Sukkalgir）。在蘇美語中，「奴隸」這個字是「外邦人」的同義詞，聽來實在有點令人不安。

庫辛小時候的生活應該和現代學童很像。他 5、6 歲時就開始讀文士學校，年代比他晚的學生後來曾在文字記錄中，抱怨抄寫課「漫長又沉悶」。在庫辛生存年代的將近 1000 年後，有位學童曾在一篇名為〈泥板學校子弟〉（Son of the Tablet House）的作文中描述日常的一天，並這麼寫道：「我讀完泥板後吃早餐，然後又要再準備新的泥板，把課文寫完，到了下午則要朗讀。」

　　庫辛上學如果遲到，老師會叫他鞠躬道歉，如果幸運的話可能不會被打，但通常他可沒有這麼好運。學童只要踰矩，多半都會被揍，即使情節輕微也不例外。古蘇美文明有句格言，詳列可能招致懲罰的各種原因，包括老師抵達時沒有起立、未經許可就離開教室、字寫得太醜等等，像庫辛這樣的學生若是犯了其中任何一項，都會招來一陣打。

　　為了彌補過錯，庫辛可能會邀請老師到家裡（文士學校的老師通常是男性，但並非絕對），請他坐在上座，讓父母拿出新的長袍或戒指相贈，並請他吃飯。根據〈泥板學校子弟〉的記載，老師如果願意接受道歉或賄賂的話，可能會這麼回應：「既然你沒有對我所說的話不敬，也沒有不予理會，我認為你將來會精通抄寫這門藝術……願你成為兄弟和朋友之中的佼佼者……你盡到了學生的本分，現在，你是個有教養的人了。」

庫辛在學校會學習自行製作泥板，並拿到太陽底下曬。考古學家偶爾會找到成堆的空白古代泥板，認為可能是早期讓庫辛這樣的學生寫作業用的。泥板一旦曬乾後，就幾乎不會毀損，所以現代考古學家才有辦法這麼清楚地瞭解當時的日常生活，尤其是烏魯克的課堂作業。

庫辛在學寫字時，必須臨摹各種符號，就好像現代學生照著每個字的筆劃描寫一樣。在考古學家找到的某些泥板上，有不完整的符號一再重複刻寫的痕跡，看起來像古代的生字練習簿，可見當時的課程應該既困難又冗長。美索不達米亞的楔形文字系統中有 1000 多個不同的符號，庫辛全都得背下來，除此之外，當時數字還沒有發明，所以計數也是個問題。對庫辛而言，要計算年數和綿羊、山羊的數量時，都必須使用不同的系統，因為那時還沒有人發現五個人、五隻羊和五根手指頭都有一個共通點，那就是我們現在稱為「五」的這個抽象數值概念。數字已經徹底深化在現代人的腦海中，所以我們大概很難想像這個共通點是多麼不明顯，發明數字的人又是多麼天才，各位不妨試著定義「五」這個數字，就會知道有多困難。有了數字以後，人類才得以對截然不同的概念進行比較、對照與衡量，可惜的是，庫辛活在這位天才之前，必須要記住的符號也因此變得非常多，專家認為，他一直到成人後都還在接受教育。

庫辛畢業後，在神廟擔任相對優渥的工作，是負責釀製大量啤酒的行政人員。因為職務上需要記錄數量，所以會使用一種以象形文字為基礎的原始符號來書寫，其中代表大麥的記號看起來就像麥稈，牛的符號則留有從前那些牛角陶片的痕跡。不過，這套象形文字系統缺乏完整的文法，也沒有太多的狀聲詞，所以庫辛沒辦法寫情詩或故事，要註記自己的名字時，符號也不夠用，所以只能把分別代表「Ku」和「Sim」的象形文字拼在一起，就好像如果有人叫做「Carpet」，但沒有代表這個字的圖樣，那可能就會以下列的方式表達（car + pet，分別是車子和寵物的意思）：

　　庫辛這個名字聽起來或許頗有詩意，但其實這得感謝亞述文化專家漢斯・尼森（Hans Nissen），因為是他決定了「Ku」和「Sim」這兩個符號的讀法。對庫辛而言，文字可能並沒有發音可言，當時的人在看帳本時，或許就只是把他的名字視為圖樣，跟現代人在看族徽一樣。

　　說起來也有點諷刺，但庫辛這個人或許只是個沒沒無聞的無名小卒，平凡到甚至可能有用過世上第一個量產的物品：斜邊碗——考古學家在烏魯克的很多地方都有找到，這種碗裡倒滿穀物時，似乎就等於古代的薪資單。每週工作結束時，雇主會將穀物倒入庫辛碗裡，做為他的酬勞。

就管理大型神殿的工作而言，他的「薪資」應該還算不錯，但如果要說記帳記得好不好，他可能不太靠譜。在某塊泥板上，他誤把 1 寫成 10，不小心訂了所需分量 10 倍的大麥；在另一塊泥板上，他啤酒配方裡的麥芽不夠，有鑑於大麥和麥芽的比例基本上就是很單純的 1：1，這個錯誤顯得特別離譜。

不過尼森曾寫道，庫辛「對精確度抱有官僚主義者式的極度狂熱」，這點彌補了他的粗心大意。舉例來說，他曾以每五進位的方式計算了 13 萬 5000 公升的大麥，也就是 81 噸，「肯定得埋頭苦幹才能精準到這種地步，偏偏他數學上的錯誤又那麼多，實在非常矛盾。」尼森這麼表示。

換言之，迄今第一個名字的主人，是個負責記錄債務、容易犯錯，而且行事風格很官僚的普通行政人員。不過說實在的，這一點也不奇怪。

在美索不達米亞的文士和記帳士發展書寫系統時，有 1000 年的時間，文字都是貴族、官僚和庫辛這種行政人員的專屬工具。一般大眾不是忽略不管，就是因為徵稅員把文字當做武器來對付他們,而懷有鄙視之情,所以美索不達米亞的城市頻繁地因為疾病或被入侵而淪陷時,市民往往都會先拿著火把去燒圖書館。畢竟文字是當時的徵稅手段,所以在普通民眾眼裡,大概就像現在的稅務代碼一樣,是庫辛這種記帳人士專屬的領域,可不是什麼浪漫的創作媒介。

有鑑於庫辛在社會上的角色,以及大眾對他這種職業的不屑,他過世時應該沒有太多人表達感念,不過如果庫辛有墓碑的話,至少他會是第一個能把名字寫在上頭的人。

14

誰發現了
肥皂？

如果把人類在地球上生存的時間壓縮成一天，
那麼這件事，是發生在**晚上 11 點 38 分（4500 年前）**。

4500 年前
最早的肥皂出現

1942 年 3 月 14 日的早上，安・西佛・米勒（Anne Sheafe Miller）奄奄一息地躺在康州紐哈芬（New Haven）的病床上。

一個月前，這位 33 歲的護士因為流產而遭遇常見的感染，雖然醫護人員已用上最新的醫療技術，包括輸血和磺胺類藥物等等，但她還是一路燒到超過 41 度，時而昏迷、時而清醒。

「就先前的經驗來判斷，她應該是罹患溶血性鏈球菌敗血症。」她的醫生約翰・巴姆斯特德（John Bumstead）在病歷裡這麼寫道。在情急之下，巴姆斯特德醫師從紐澤西的某間實驗室取得一種仍在實驗階段的藥物。那種藥非常稀有，所以後來技術人員還從米勒的尿液裡把藥回收。

那是一種難聞且粗糙的深棕色粉末，由州警護送到紐哈芬的米勒床邊。根據當時負責照顧她的細菌學家莫里斯・泰格（Morris Tager）醫師後來所寫，他在檢查時覺得「有點擔心、遲疑」，不過當天下午仍把藥注入了米勒體內。隔天早上，她的體溫便已恢復正常，而且還比醫生起初的預估多活了約 57 年。

那款實驗性藥物就是現在的盤尼西林，在救回米勒之後，至今已拯救了 200 多萬條生命。

盤尼西林是世上最早的抗生素，這種藥物在人類與感染性疾病的對抗中，帶來了革命性的變革。人與害菌的抗爭似乎沒有結束的一天，不過事實上，盤尼西林只是我們第二有效的武器，反倒是「肥皂」拯救了最多人命，至今還沒有任何醫療產品，或許也沒有任何醫學發現能比得上。

1668 年，荷蘭的玻璃工匠安東尼・范・雷文霍克（Antoine Philip van Leeuwenhoek）透過顯微鏡看見了微生物，在那之後，人類就慢慢接受了細菌無所不在的事實。地球上細菌猖獗，外星人如果來訪，大概會覺得這裡就像床蝨肆虐的汽車旅館，然後馬上離開。無論是我們夜裡睡的枕頭上，還是白天用來吃玉米片的湯匙上，都有細菌存在。根據生物學家的估計，單是在人類的一隻手上，就隨時都有 150 種不同的細菌；多數的種類都無害，有些對我們有益，但有些則會在進入人體後，造成致命危機。在人口密集的城市，光是轉個門把，危險的細菌和隨之而來的疾病就有可能從一人身上傳給數百個人，所以肥皂的存在不光是讓都市人變得健康而已，如果沒有肥皂，城市也會跟著滅亡，這麼說一點也不為過。

肥皂歷史悠久，究竟它拯救了多少人的生命，我們大概永遠無法確知。「科學偉人」（Science Heroes）是專門追蹤這類數據的一個網站，但我發文詢問這個問題後，他們也表示沒轍。就算只是保守估計，大概也可以推估約有數億人因而獲救，但事實上，肥皂的功效甚至還沒能完全發揮：聯合國兒童基金會的一份報告指出，如果世上的每一位廚師都使用肥皂的話，全球的呼吸道疾病感染率會下降 25%，腹瀉性疾病也會減少一半，光是這樣，每年就會有超過 50 萬人免於死亡了。

肥皂之所以一直被忽視，沒能充分發揮功效，是因為要宣揚肥皂的好處時，會遇到一個根本性的問題：被消滅的東西肉眼看不見，所以一般人不太會重視肥皂，即使是教育程度最高的族群，要憑空想像肥皂對細菌是多麼有效，大概也有點困難。事實上，美國疾病管制與預防中心（US Centers for Disease Control and Protection）就指出，醫生實際洗手的次數只有理想數值的一半。另一方面，健康的人也常因肥皂而躲過疾病，但卻一點也不自知，相較之下，抗生素則把米勒從鬼門關前救回，讓她起死回生，效果顯著一看就知道。因此，肥皂雖然堪稱是人類史上最偉大的醫療發現，不但讓現代都市得以存在，救的命也比盤尼西林更多，卻還是遭到輕忽。

不過話說回來，第一個發現肥皂製作方式的人是誰呢？

我稱她為寧尼（Nini），以蘇美人的醫藥女神寧尼欣娜（Ninisina）命名。之所以假設是「她」，是因為發現肥皂的人應該是在蘇美地區從事當時蒸蒸日上的紡織業，而且人類學家喬伊·麥克柯里斯頓（Joy McCorriston）表示，這個產業是由女性主導。

寧尼在 4500 年前生於現今的伊拉克南部，可能是在古代的蘇美城市吉爾蘇（Girsu），研究人員在當地找到的泥板，是最早以文字詳述肥皂製程的記錄。吉爾蘇是世上人口最早達到數萬的都市之一，也曾是古代王國拉格什（Lagash）的首都，見證過人類史上的許多第一次，迄今歷史最久遠的橋就是位在這裡。

寧尼大約是在吉薩大金字塔建成時出生，外表與我們無異，只是稍微矮於身高一般的現代人而已。在楔形文字泥板上，蘇美人經常自稱「擁有深色毛髮的民族」。雖然許多蘇美雕像都有藍色大眼，但多數歷史學家都認為這是神祇的特徵，藍眼睛的蘇美人其實很少，所以寧尼的雙眼應該和頭髮一樣都是深色。象形文字記錄顯示，寧尼會穿有流蘇的羊毛衣，或披長及腳踝的羊皮，並以圖樣裝飾，至於男性的服裝則是百褶短裙搭配飾帶。

　　美索不達米亞專家暨《古美索不達米亞女性》（*Women in Ancient Mesopotamia*）的作者凱倫・尼邁特 - 尼雅特（Karen Nemet-Nejat）表示，寧尼活在一個無可救藥的父權社會，父親是一家之主，除非他過世或她出嫁，否則寧尼一輩子都得任他掌管支配。她可能在青少年時期就已結婚，甚至更早，事實上，就曾有阿卡德（Akkadian）的記錄描述新娘在結婚時只有約 91 公分高。

　　寧尼的婚姻就像雙方父親之間的合約，在蘇美人眼中，女方並不只是嫁給新郎而已，更重要的是嫁入整個家族，所以如果寧尼的先生過世，那她很可能會和亡夫的哥哥或弟弟再婚。就尼邁特 - 尼雅特所說，蘇美文化的女性幾乎不可能獨立，換言之，寧尼的一輩子都是由父親、公公或丈夫支配。

寧尼身為人妻，主要的責任是生兒育女，尤其是要生兒子，家中才有繼承人。傳統而言，當時的社會是一夫一妻制，但要是她沒生孩子的話，丈夫也有可能另娶妻妾或領養子女。在以下這首頌歌中，女神尤拉（Eula）幾句話就把蘇美女性的人生描述得十分清楚明白：

我是女兒，
我是新娘，
我是人妻，
我是主婦。

除了打理家務外，寧尼還有一個遠比主婦更現代的角色，顯示她可能是出身較低的社會階層。美索不達米亞人為人類留下許多禮物，其中之一就是紡織工廠的發明。在這些由城邦經營的大型工廠裡，單調乏味的工作之多，會讓人做到手指發麻；多半是由奴工、欠債的人和臨時工負責裁剪、縫紉、染布並製成羊毛織料——這在美索不達米亞的許多城邦都是很重要的出口品。

寧尼受雇時，吉爾蘇的紡織工廠規模已經很大，即使是以現代標準來看，都十分驚人。根據考古學家丹尼爾‧帕茲（Daniel Potts）的估算，在三個月的時間內，光是吉爾蘇地區就剪了 20 萬 3310 隻羊的毛，而且羊毛剪當時還沒發明，所以這麼大的數字更顯得很可觀。剪毛工人無法有效率地割毛，而是必須一撮一撮地，把 20 多萬隻綿羊的毛都拔下來，簡直慢到令人發愁。因此，帕茲認為一個紡織工人每天平均只能製造出大約 25 公分的羊毛織物。不過，亞述學家班傑明・史都德芬 - 希克曼（Benjamin Studevent-Hickman）表示，由於勞工多達 1 萬人，所以在烏爾，單單一間紡織工廠一年就能產出超過 400 噸的羊毛，而寧尼似乎就是這些勞工的其中一員。

不僅如此，她甚至還可能握有一定的職權。據考古學家麗塔・萊特（Rita Wright）所說，在這些工廠，女性領班通常會負責監督 30 人的團隊，薪資也比較高，可以拿到較多的大麥或布料。寧尼把肥皂帶入織物的製程中，擁有一定的影響力，所以職級或許也是領班之一。

迄今關於肥皂的最早記錄，是出自吉爾蘇地區一塊有楔形文字的泥板。化學考古學家馬丁・列維（Martin Levy）表示，泥板上的文字是寫於 4500 年前，內容和羊毛的洗滌與染色有關。紡織工人要想把羊毛染得好，必須先除去織物上的油脂，有肥皂幫忙的話，除起來會輕鬆許多；即使到了現代，織布工都還是會用肥皂水清洗剛剪下來的羊毛，藉此把油脂洗掉。

鹼和脂肪相遇時，會發生科學家所說的「皂化」（saponification）作用，在寧尼之前，很可能已經有人會利用這種化學反應了。我曾訪問北達科他州立大學（North Dakota State University）的化學教授賽斯·羅斯穆森（Seth Rasmussen），據他所說，前述的兩種原料都很常見，因此多數學者都認為，早在寧尼以前，應該就有人意外觸發過皂化反應。木頭燃燒後的灰燼裡有鹼，而且許多學者相信古人會把灰浸濕後用來清洗屠宰工具上的油，因此應該有人在無意間讓餘灰和動物的油脂結合，製造出含有雜質的簡易肥皂。

根據《從山頂洞人到化學家》（*From Caveman to Chemist*）作者休·薩爾斯柏（Hugh Salzberg）的說法，最早期的紡織工人可能也已經知道餘灰弄濕後可以去除油脂，所以會將其拿來清洗織物，讓灰燼與羊毛脂結合，發生皂化作用。

不過羅斯穆森表示，專家有理由相信，一直要到 5000 年前，才有人發現可以單獨製造出肥皂這種東西並用來洗手，因為在美索不達米亞人開始使用文字後，大約有 1000 年的時間都沒有關於肥皂的記錄，直到 4500 年前，才有人首次在泥板上提到，所以多數學者都認為，肥皂應該就是在那個年代前後發明的。「如果在蘇美人出現的很久之前，肥皂就已經發明的話，那麼更早期的蘇美記錄中就應該會提到才對，但事實上並沒有。」羅斯穆森這麼告訴我。

寧尼的天才之處，在於她領悟到肥厚的羊毛脂和動物的脂肪，就是以灰燼當作洗潔劑這麼有效的原因，而且還發現可以把油脂加入摻了水的灰，製成液態肥皂。或許這看似只是一小步，但卻代表寧尼不再只能仰賴待洗物表層的油脂來觸發化學反應；反之，她可以將脂肪和鹼類調配成理想比例，要洗什麼都行，特別是用來清洗最重要的雙手。

　　根據薩爾斯柏的理論，寧尼最早製作出來的肥皂應該只是一桶滿是灰燼的油水，後來，可能是她自己或旁人發現水會透過淋溶作用（leaching）把灰裡的鹼給吸收，因此粉末和一球球的油脂其實都可以過濾掉，畢竟沒有誰會想用滿是灰粉的液體洗手。大家之所以會願意使用，讓肥皂發揮最重要的功能，淋溶也是很重要的一環。到了中世紀以後，製皂工人終於能夠不再進行過濾這個步驟，而是直接把裝滿灰的袋子像茶包一樣泡入水裡。

　　迄今最早的肥皂原料包括大約 950 毫升的油，以及約莫 5.7 公升的鉀鹼（從木材餘灰中淋溶出來的鉀）。羅斯穆森表示，這兩種東西混和後，就能做出很有效的液態肥皂，只不過含有一些雜質就是了。寧尼用的就是這種粗糙簡易的組合，但她製造出的那灰濁又油膩的肥皂水，卻是人類史上拯救了最多性命的醫療用品。

可惜她不可能知道。

　　肥皂並不像盤尼西林那樣可以摧毀細菌，只能將細菌清除而已。原理是製造出能依附在油和水上的分子，也就是科學家所說的「油脂行李箱」，讓水短暫地和脂肪共存，這樣一來，水就能沖掉藏在油脂內部或底下的細菌。肥皂的救人功效並不容易觀察得到，所以寧尼還在世時，不太可能因為她的發明而獲得肯定或賞識，也應該完全不知道自己的成就如此偉大。或許，就只有紡織工廠的人讚美她清洗羊毛脂的方法稍微比較有效率，多給她一點大麥做為酬勞而已。

　　我們幾乎可以確定蘇美人並不會洗手，原因跟現代醫生也經常沒洗一樣：因為手看起來已經很乾淨了。在肥皂發明後的那幾百年內，都沒有相關證據顯示有人把肥皂用於清潔身體，大家就只會拿來洗碗盤和衣服等明顯有油漬的物品而已。

　　人類使用肥皂來清潔肌膚的最早證據，是發現於西臺帝國（Hittie）首都波阿茲卡雷（Boghazkoi）的一塊泥板，上頭的楔形文字大約寫於寧尼生存年代的千年之後：

　　我用水沐浴自己。
　　我用蘇打清洗自己。

我用閃亮臉盆中的蘇打潔淨自己。

我用臉盆中的純淨油脂美化自己。

我用天之王者的服飾裝扮自己。

所有的技術都一樣，無論再怎麼有突破性，都需要時間才能廣獲應用，經濟學家把這樣的過程稱為「技術擴散」（technological diffusion）。就寧尼的發明而言，擴散所需的時間又拉得特別長。一如我們所見，全球有許多人一直到現在都還是沒有用肥皂的習慣，而且在過去這 5000 年間，肥皂的推廣也不是一帆風順。

在美索不達米亞以外的地方，眾人對這項發明的接納狀況更是不妙，而且還經常採用明顯不如肥皂的選擇。舉例來說，羅馬人會收集路人腐化的尿液來洗衣服；羅馬作家老普林尼（Pliny the Elder）也認為，肥皂就是由只用肥皂、不用尿液的高盧人（Gauls，「野蠻人」的意思）所發現；希臘人主要是用沒加肥皂的水來清洗身體，不過希臘醫生蓋倫（Galen）倒是曾經很有先見之明地推薦大家使用肥皂，藉此防範疾病。

肥皂救人的威力之所以遭到輕忽，不僅是因為肉眼看不到細菌，也是因為眾人對細菌的誤解非常嚴重。即使到了

19 世紀，都還有人因為推測微生物可能致死，而被世上最進步的醫院開除。

在 1847 年，維也納總醫院（Vienna General Hospital）的匈牙利產科醫生伊格納茲·塞麥爾維斯（Ignaz Semmelweis）決定著手研究一個令人不解的現象：由醫生照顧的產婦，死亡率為什麼會高達助產士的五倍？塞麥爾維斯嚴格規定手下的醫生必須遵循助產士所有的接生步驟，甚至還因為牧師不會在助產士的產房按鈴，而要求他們對醫生的病房也比照辦理，但不論怎麼做，都無法改善情況。不過後來有一位同事在解剖屍體後，也和許多產婦一樣出現產褥熱的症狀，並因而喪命，讓塞麥爾維斯的腦海中出現了新的理論。他知道醫生在接生前，經常會解剖屍體，助產士則不會，所以認為可能是醫師把屍體的某些致命物質或氣味，帶到了產婦身上，並因而要求他們洗手，結果死亡率馬上大幅下降。但這些醫師卻也群起反抗，畢竟塞麥爾維斯的理論根本等同暗示病人就是被他們給害死的。最後，大家又重拾不洗手的習慣，塞麥爾維斯則被開除，最後在精神病院逝世。

亞述的紡織工人寧尼比塞麥爾維斯早了好幾千年誕生，但大概跟他一樣，也是孤單地默默死去。古蘇美人的平均壽命只有 40 歲，其中一個原因就在於早期的都市猶如毒窟，充斥各種感染與疾病，寧尼身處在這種人口密集、又完全沒有人用肥皂洗手的環境之中，最後很可能就是因為細菌感染而喪命。殊不知她發明的肥皂，現在竟然讓數百萬人倖免於此呢！

15

第一個染上天花
的人是誰？

如果把人類在地球上生存的時間壓縮成一天，
那麼這件事，是發生在**晚上 11 點 41 分（4000 年前）**。

4000 年前
第一起天花病例出現

　　史上殺人最多的並不是成吉思汗，不是亞歷山大大帝，
也不是任何一場戰爭，甚至連所有戰爭加起來，也比不上這
個終極殺手。

　　不過，這名殺手其實只是個不幸又無辜的平凡人，在
4000 年前出生於非洲之角（Horn of Africa），只是正常呼
吸，就染上了依附於灰塵的新種病毒。

　　這種病毒叫 variola（天花病毒），幾乎讓新大陸完全
毀滅，也對舊世界迎頭痛擊。在 18 世紀，歐洲每年都有 40

萬人因而喪命，到了 20 世紀，死於這種疾病的人更多達一、二次世界大戰總死亡人數的三倍。阿茲特克和印加帝國之所以會衰亡，歐洲水手把天花帶到當地就是主因之一。

在天花面前，人人平等，無論年紀長幼，無論是國王或農民，都有可能因而喪命。羅馬皇帝馬可·奧里略（Marcus Aurelius）、英國女王瑪麗二世（Queen Mary II）、俄國沙皇彼得二世（Peter II）和法王路易十五（King Louis XV）都是死於這種疾病。美國的亞伯拉罕·林肯總統在發表《蓋茲堡演說》（*Gettysburg Address*）後，也曾因染上天花而病倒。

天花也會決定戰爭走向，在法俄戰爭中，德國士兵有疫苗護體，法方則沒有，所以染疫喪命的法國士兵占了總傷亡數的將近一半；另一方面，也有些學者認為喬治·華盛頓（George Washington）下令軍隊的所有士兵接種疫苗，是他在美國革命戰爭中最重要的戰略。

現代醫學在很久以前就已消除了鼠疫的問題，但說到天花，情況可就不一樣了。如果不幸罹患天花的話，上醫院求助大概跟找巫醫一樣，都不太可能存活；天花病毒要是在現代城市傳播開來，那麼多達數千、甚至數百萬人都會喪命。在 1972 年，就曾有一位要從麥加返回南斯拉夫的神職人員引爆疫情，造成 35 人死亡，175 人感染，後來當局決定封路，並挨家挨戶地調查，還實施宵禁與戒嚴法，才阻斷了傳染鏈。天花是人類史上最慘烈的病毒之災，也對我們的物種造成了沉重打擊。

1959 年，世界衛生組織發起了一項計劃，希望能在美國流行病學家韓德森（D. A. Henderson）的帶領下，用疫苗根除天花。這個目標聽起來是很艱鉅沒錯，不過天花病毒只能在人類之間傳播，而且必須在 14 天內傳到新的宿主身上才能存活，所以理論上應該是可行才對。在那之前，從來沒有誰成功將人類身上的病毒完全消滅，原因說起來也很簡單，因為光是在各位讀完這個句子的短短幾秒內，就已經有大概 300 萬個病毒粒子輕輕鬆鬆地傳出去了。在世衛組織計劃開始的那年，至少已經有 1500 萬人染上天花，但多虧了韓德森和世衛團隊在全球各地的努力，1977 年 10 月 26 日時，天花病毒幾乎已被趕盡殺絕，只剩一個人體內還有：這個人就是在索馬利亞醫院擔任廚師的阿里·馬奧·馬林（Ali Maow Maalin）。

馬林是住在索馬利亞馬爾卡鎮（Merca）的 23 歲男性，在當地的醫院擔任廚師。醫院有規定員工要打疫苗，但馬林沒打，據他後來所說，是因為自己害怕打針。當時有兩個女孩子染上天花，馬林自願搭車護送她們去隔離，偏偏對病毒沒有免疫力，所以才會在 15 分鐘的車程中慘遭侵襲。

　　一開始，當地醫生將他的症狀誤判為水痘，所以並沒有要求他隔離，而且那兩個女孩子也已經康復，導致調查人員誤以為傳染鏈已經控制住。就這樣，人面很廣的馬林在患病期間，共有 91 位訪客探望，等到醫生發現鑄下大錯時，世衛組織才派出大型防疫團隊，徹查索馬利亞南部，追蹤曾與馬林接觸過的每一個人。他們出動警方設立檢測站，挨家挨戶地調查，隔離馬林任職醫院的所有人員，並打了 50000 劑疫苗，然後也只能靜待新的病例出現。

━━━━━━

　　在馬林搭上那台車的 4000 年前，天花病毒就已突變現形。在某個如恐怖片般的時刻，天花的主要病毒株在某人體內的某個細胞裡出現。這個人雖然沒有惡意，但卻意外成了手下亡魂比世上任何人都還多的殺手。

　　這個人是誰呢？

　　我稱他為零號病人（Patient Zero），對於任何疾病最早的傳播者，醫生都是使用這個代稱。之所以假設是「他」，是因為就天花病毒的 DNA 線索來看，最早染疫的人曾在非洲之角附近與馴化的駱駝密切接觸。當時，會在那個地區和駱駝同住在放牧營區好幾週的，通常都是男性。

　　零號病人在將近 4000 年前出生於現代的衣索比亞或厄利垂亞（Eritrea），埃及的古夫（Khufu）法老下令在北邊約 1600 公里遠處興建大金字塔，是數百年前的事。零號的文化並沒有書寫系統，不過多虧古埃及歷史最久遠的一些浮雕和象形文字，有些關於非洲之角居民的直接描述得以留存下來。埃及人把零號居住的地帶稱為「邦特之地」（Land of Punt），零號就是他們口中的「邦特人」（Puntite）。埃及和邦特這兩個地區的族群都會沿世上最早的海洋貿易路線，在紅海中航行。

　　如果埃及浮雕對邦特國王佩拉胡（Perahu）的描繪無誤，那麼零號病人的皮膚應該黝黑又有點泛紅，頭髮剃得很短，還戴著沒有邊沿的小圓帽。他或許和佩拉胡一樣有往前翹的長山羊鬍，身穿開衩的白色短褶裙，腰側還插著一把匕首。

　　就埃及浮雕來看，零號的家應該是圓形小屋，下方以支柱撐起，門前則架有梯子，或許是要防範掠食者，也或許是為了建造封閉式圍欄，以免底下的動物跑出來。

　　他很有可能是牧民，擁有狗、牛、驢子和駱駝等馴化的動物，也有種植作物，住家四周則有環繞遮蔭的沒藥樹

（myrrh tree）。這種樹的汁液可以製成香來焚燒，是古埃及最受珍視的產物之一，需求量很大，和邦特之地的黃金、毛皮、珍奇動物及奴工一樣，所以總會吸引埃及人不辭遙遠地從紅海往南航行。事實上，古夫法老的兒子就擁有一個來自邦特之地的奴隸。

零號和他的駱駝同住，也一起工作，但並不騎乘，而是用來擠奶。駱駝在哺乳時，一天可分泌多達五加侖的乳量，有些牧民光靠喝奶就能活好幾週。最早開始馴養駱駝的族群位於阿拉伯半島南部，零號使用駱駝的方式與他們無異。《駱駝與輪子》（The Camel and the Wheel）的作者理查・布列特（Richard Bulliet）認為，駱駝在 5000 年前受到馴化後不久，就隨著買賣薰香的貿易商，乘船橫跨了紅海。

駱駝的引進為天花病毒的古老前身帶來了絕佳的機會，但對人類而言，卻是莫大的風險，因為只要近距離接觸到動物的體液，就有可能染上病毒。值得慶幸的是，每個物種的免疫系統不同，病毒並不一定都能適應，如果遇到不熟悉的環境，通常很快就會衰弱、死亡，套句病毒學家內森・沃爾夫（Nathan Wolfe）的話，就像「人類身在火星卻沒穿太空裝一樣」。另外，病毒也有可能直接被新宿主的免疫系統揪出來消滅，但有時，病毒雖沒有傳染力，卻會在生物體內繁殖，這樣一來，宿主就比較危險了。

病毒必須要有能在新環境中繁殖、傳播的變種，才能成功傳到新宿主身上。變種的途徑很多，其中一個方法是自體突變；此外，如果兩種不同的病毒同時感染同一個細胞，也可以產生新的品種。

病毒學家認為，人類已長期接觸狗、豬和其他家畜身上的主要病毒，所以能從這些動物傳給人的，應該都已經傳過了。現在，家養動物之所以會帶來危險，是因為野生物種可能以牠們為中介，把病毒傳到人身上。

不過，在零號的年代，駱駝才剛被馴化並引進邦特之地，所以仍會對人類造成威脅。駱駝讓當地的病毒有新的免疫系統可以攻擊，也因為馴養的緣故，人和駱駝每天都會接觸，因此，病毒更是有無數的機會可以傳到人類身上。

確切而言，天花病毒一開始究竟是哪一種病毒株，沒有人說得準。不過，由於研究人員曾在天花病毒中，發現老鼠蛋白質編碼中的某種基因，所以世衛組織天花根除計劃團隊的主持人唐納・霍普金斯（Donald R. Hopkins）認為，齧齒類動物身上的痘病毒可能就是始祖。他也在著作《頭號殺手》（*The Greatest Killer*）中揣測道，天花可能是現已絕跡的病毒株殘留下來的疾病。近來的基因研究更顯示，天花病毒的直系祖先似乎曾存在現已絕種的非洲齧齒類動物身上，可能是某種沙鼠，駱駝的免疫系統只是傳染中介而已。著有研究報告〈天花病毒起源〉（The Origin of the Variola Virus）的俄羅斯新西伯利亞（Novosibirsk）化學生物研究所（Institute of Chemical Biology）基因學家伊格・巴金（Igor Babkin）告訴我，駱駝的引進就像是墊腳石，讓病毒得以從齧齒類動物身上傳入人體。巴金認為，病毒對駱駝免疫系統的攻擊觸發了演化機制，具體而言，是因為沙鼠身上的痘病毒在駱駝體內繁殖時，獲取了一些新的基因物質，所以原本不是太嚴重的病毒，才會變成如洪水猛獸般的怪物。

最早從非洲沙鼠病毒分支出來的病毒株究竟怎麼會傳到零號身上，沒有人能確定。霍普金斯表示，可能是因為人類把沙鼠殺來吃，史丹佛大學的免疫學教授羅伯特・席格（Robert Siegel）則認為，或許就只是因為不小心吸入被汙染的灰塵而已。齧齒類動物的糞便乾掉後會霧化到粉塵中，可能會滲入肺部，漢他病毒肺疾症候群就是這樣傳染的。

無論如何，零號體內的新環境都應該會使病毒滅亡才對，只可惜他那次運氣不佳，而且病毒又在駱駝的免疫系統中學到了一些新招數，所以新種的痘病毒不僅存活了下來，還在零號的身上繼續成長茁壯。

天花病毒進入零號的喉嚨以後，會如手榴彈般發射，附著到黏膜細胞上，並開始繁殖。如果用顯微鏡看的話，會發現染上病毒的細胞發生駭人的變化，原本滑順的圓球狀表面會凸出一根一根的刺，而這些中空的刺則會像長矛般出擊，為的就是要追殺並刺入健康的細胞，這時，病毒粒子會藏在中空的尖刺中，躲避反擊的白血球，一旦成功進入健康細胞後，就會周而復始地不斷重來。

　　一開始，零號的免疫系統大概不疑有他。病毒在最初的7到10天內躲在哪裡，學者並不確定，不過許多專家認為病毒可能是在淋巴結內繁殖，所以才能使免疫系統變得被動鬆懈，同時倍數增長。在毫不受控地滋生了超過一週以後，病毒粒子會一湧而出，乘著血液進攻當下最靠近的器官，這時，零號的免疫系統會發起第一波防禦，而他身上也會出現最初期的症狀。

　　一開始，他會發燒、頭痛，然後很快就會喉嚨痛——也就是感染的徵兆。他喉內被感染的部位會噴發出如手榴彈般的病毒，每一顆都附滿病毒粒子，會乘著必須用顯微鏡才能看見的細小飛沫射出，使3公尺內的空氣都變成危險區。症狀剛出現時，他可能以為是流感，但病毒隨後就會對皮膚出擊，導致頸部、臉部和背部都出現明顯的紅斑，這時，他應該就會懷疑情況沒有想像中單純了。不久後，紅斑還會化膿，並發出惡臭。

曾參與世衛組織根除計劃的流行病學家威廉．福奇（William Foege）在他的著作《起火的房子》（House on Fire）中寫道，他有兩次都只是站在人行道上，就能單憑氣味確認屋內的人染上了天花。據他所述，那種臭味「聞起來就像死掉的動物」。沒有人知道為什麼會那麼臭，不過他認為可能是膿包腐爛所致。

天花會使人極度痛苦，患者幾乎什麼都不能穿，因為衣服只要碰到皮膚，就有可能把膿包弄破，據福奇所言，多數病患在這個階段都只想一走了之。

天花病毒其實無意讓零號喪命，福奇表示，「病毒並沒有惡意，只是順從不斷繁殖的本能而已。」但人類染上天花後，卻會陷入生死交戰，必須用免疫系統和病毒一決高下，不是你死，就是我活。

免疫學家並不確定病毒第一次溢出時有多致命，畢竟在人體內繁殖了數千年後，改變肯定很大。但如果天花病毒遵循一般模式的話，零號感染後喪命的機率，可能會比在現代還高。

普遍而言，病毒越早溢出，就越容易致命，因為病毒的終極目標並不是讓宿主死亡，而是要繁殖、傳播，患者一旦病逝，就不會再與人接觸，病毒也就無法再傳給其他人了。因此，病毒在宿主體內存活的時間越長，致命度通常會越低，而傳染力較強的變種也會變成主流病毒株。在天花病毒首次溢出的數千年後，「次天花病毒」（variola minor）這種變體也出現了，但致死率只有 1%，是原先的 1/30。

不幸的是，零號染上的病毒應該遠比現在的變體致命，他最後大概也因而喪命。

不過天花病毒倒是活了下來。在零號患病期間，病毒傳到了新的宿主身上，甚至也有可能是在他死後，才傳給處理遺體的人，而這個人有很高的機率是零號的家屬。福奇表示，在現代，由於病毒已歷經些許改變，適應了人體環境，所以負責照顧天花患者的家人有五成的感染率，相較之下，多數的學者都認定早期的天花病毒傳染力較弱，但也比較容易致命。

霍普金斯在《頭號殺手》中探討早期的天花傳播情形時這麼寫道，「如果天花病毒採取的適應模式和從動物傳給人的其他病毒相同……那麼一開始應該很少有人傳人的狀況。」

學者以 R_0（發音為「R naught」）來代表病毒的基本傳染數，意思是一名患者平均會傳染給幾個人。R_0 小於 1 的病毒會逐漸消失，超過 1 的話則會四處傳播；數值越大，演變成流行病的風險就越高。現代天花病毒的 R_0 值為 6，和一般感冒差不多，韓德森認為，最早期病毒株的 R_0 值遠小於 6，但因為天花很難根除，所以研判應該大於 1。這種病毒在人體內繁衍時，也會在過程中逐漸適應所處環境，藉此提升傳播力，就像駭客採取暴力破解法竊取密碼一樣，畢竟繁殖了三兆次並犯下數百萬個錯誤以後，總會恰巧衍生出幾個進化的變種，傳染力也會跟著增強。在天擇機制之下，新的變種很快就會成為主流病毒株，然後前述循環又會再次重複。病毒適應宿主的方法很笨，毫無技巧可言，就好像百萬隻猴子在鍵盤上亂跳似的，但跳久以後，總會瞎矇出幾個句子，甚至還能踩出《哈姆雷特》這種驚人的作品呢。

人類史上的聚落多半不大，如果零號也是生活在小村莊的話，那天花病毒應該會傳遍全村，並在所有人都病逝或發展出免疫力後消失。天花和其他具有高度傳染力的疾病一樣，需要大量人口才能存活。根據研究人員的估計，人口如果少於 20 萬的話，天花病毒在傳出去後的那 14 天內就會死亡，因此學者相信，在農業革命之前，天花病毒應該都不太可能成功傳播，畢竟當時的人口規模還沒那麼大。在人類開始從事農耕前，令人聞之色變的疾病應該都是在席捲小型社群後，就因為缺乏新的宿主而滅跡了。

不過，天花病毒卻恰好在人類聚落的人口密度首度開始上升時，入侵了人體。當時，全球化的經濟活動剛萌芽，畜牧族群在非洲之角形成了早期的大型社區，埃及人和邦特人也打通了最早的海上貿易航線。天花病毒可能是先滲透非洲之角，數年後才跟著邦特之地的奴工或埃及商人橫越北邊的紅海，抵達尼羅河谷地——由於 4000 年前時，當地人口已超過 100 萬，所以病毒一旦傳開以後，就難以阻擋了。

目前最早的天花證據，是病毒學家在三具木乃伊身上發現的膿包，其中兩具是無名的埃及官員，分別在 3598 和 3218 年前製成木乃伊，另一具則非常著名，是死於 3175 年前的法老拉美西斯五世（Ramesses V）。根據象形文字的描述，拉美西斯五世是因嚴重疾病喪命，韓德森檢驗木乃伊時，發現臉部、頸部和肩部都覆有膿包，研判是天花。攻入埃及後，天花就一步步地傳到全世界了。

大約 3400 年前，土耳其的西臺人和埃及軍隊交戰，並在泥板上以楔形文字描述埃及囚犯曾帶入某種疾病；埃及商人在進行薰香買賣時，似乎也沿著貿易路線，把天花病毒帶進了印度，所以當地的古代醫療文獻《遮羅迦本集》（*Charaka Samhita*）和《妙聞集》（*Sushruta Samhita*）都有關於天花的詳細說明；在 2500 年前，天花也抵達了中國；另外更在 16 世紀時，由西班牙探險家帶到新大陸，而且此次的影響特別慘烈。疫情爆發後，已經有抗體的人會使 R_0 值降低，因此原本呈指數型成長的病毒繁殖速度會漸漸變慢，但偏偏新大陸又沒有任何人在感染過天花後存活下來，發展出抗體，所以這種疾病第一次傳開來時，造成了末日般的光景。

人類從古老年代就已開始對抗天花，而且也很早就知道只要染上一次，之後就不會再被傳染，但在中國人之前，並沒有任何民族善用天花的這項弱點。英國生物化學家暨醫藥歷史學家李約瑟（Joseph Needham）表示，世上的第一次預防性接種，就是在大約 1000 年前發生於中國，原理是刻意讓人染上弱化的病毒，發展出免疫力。

世上最早的接種相關記錄，是出現在 14 世紀的中國醫療文獻中：

「我們並不知道負責接種的人叫什麼名字，但他們使用的疫苗來自一個古怪但偉大的男子，至於這個男子則是透過他專精的煉金術技巧，把疫苗給製作出來的。自此之後，疫苗就廣泛地在全國各地使用了。」

這個「偉大的男子」等同是免疫學的開山始祖，一直到現在，疫苗都仍是人類對抗病毒的最佳武器。

除了無法感染相同宿主兩次以外，天花病毒還有另一個致命弱點：病人的膿包乾掉後，毒性會減弱，也就是說，當中的許多病毒粒子其實都已經死掉了。病毒雖然會呈指數成長，但如果一開始感染時的病毒粒子就比較少，那嚴重性仍會減弱，所以接種與否對於死亡率的影響很大：有接種的病人死亡率只有 1% 到 2%，若是沒有，則高達 30%。

到了 17 世紀時，中國和印度都已大規模接種，中國醫生更曾出版醫療手冊說明流程。一個世紀後，相關知識也傳到了歐洲。

不過，接種疫苗也不是完美無缺的做法。舉例來說，醫生如果使用乾燥不完全的膿包，會使病人染上強度並未弱化的天花病毒；更糟的是，病人即使已經接種，但免疫系統仍在與病毒搏鬥時，傳染力其實和一般染疫的人一樣強。事實上，天花疫情之所以會爆發，有很多次都是因為接種所致。

1796 年 5 月 14 日，愛德華・詹納（Edward Jenner）醫生檢驗了一份地區性接種人員的報告，從這天起，天花病毒便開始逐漸走向衰亡。這份報告指出疫苗對於當地的數名農夫沒用，但這些農夫又發誓他們從未染上天花，只是不久前曾感染牛隻身上的痘病毒，也就是牛痘（cowpox）。牛痘是會傳染給人沒錯，而且得病後也很不好受，但並沒有人傳人的現象，而且致死率很低。

這位接種人員的報告讓詹納心中萌生出一個點子，為了測試這個想法是否正確，他為 8 歲男童詹姆斯・菲普斯（James Phipps）注射了牛痘病毒，做法和製作天花疫苗一樣，是使用乾燥後的牛痘膿包，結果並沒有造成一般患者經歷的那種嚴重不適，只是使菲普斯手上長出一個很小的膿瘡而已。令人驚訝的是，詹納又再注射了傳統的天花疫苗後，菲普斯竟然完全沒有反應。

這兩種疫苗的差別在牛痘病毒的致死率幾乎是零，不會造成天花疫情爆發，也不會使人必須住院一週，只是可能會讓人手上長個膿包而已。後來，醫生還發現有一種更棒的痘病毒可以用於天花接種，名叫「痘苗病毒」（Vaccinia virus），所以後來就把接種的做法稱為「打疫苗」（vaccination）了。

雖然有了疫苗，但天花病毒仍舊存在，而且光是在 20 世紀就造成多達 5 億人死亡。後來世衛組織花了 18 年的時間追查，才終於讓馬林成為世上最後一個體內存有天花病毒的人。幸運的是，馬林的免疫系統逐漸戰勝了病毒，更令人驚嘆的是，曾和他接觸的那 91 人中，沒有任何一人被傳染。

所以 1977 年 11 月 1 日，在肆虐人類世界將近 4000 年後，天花病毒在世上的最後一個細胞，就在馬林的免疫系統中滅亡了。

附註：目前，世上至少還有兩瓶天花病毒，一瓶在喬治亞州亞特蘭大的生物實驗室，另一瓶則在俄羅斯新西伯利亞。沒有任何國家承認曾以此來製作武器，但在蘇聯 1971 年的一場實地試驗中，卻有天花生化武器的煙霧飄到阿拉爾（Aralsk）的一艘漁船上，造成 3 人死亡。另一方面，雖然在馬林之後，全世界就沒有人再透過自然途徑感染天花，不過 1978 年時，英國伯明翰大學（University of Birmingham）曾有天花病毒透過實驗室的通風系統外洩到樓上的辦公室，導致醫學攝影師珍妮特・帕克（Janet Parker）染疫死亡。由於大規模的天花疫苗接種計劃在 1973 年就已結束，所以世界上的大多數人對天花其實都沒有免疫力，彷彿又回到了對這種疾病毫無招架之力的年代。

16

誰說了現知的
第一則笑話？

如果把人類在地球上生存的時間壓縮成一天，
那麼這件事，是發生在**晚上 11 點 41 分（4000 年前）**。

4000 年前
現知的第一則笑話出現

　　1872 年 11 月的某個下午，亞述學家喬治・史密斯
（George Smith）在大英博物館的一角，看著一片古老泥板
上的楔形文字，緩慢地試圖解讀上頭的符號。這工作非常辛
苦，畢竟符號有數百種，又沒加標點符號，而且經過 2000
年的消磨後，刻痕幾乎都已經看不見了。不過，史密斯懷
抱期待，看得很專注，心裡認定那塊不完整的泥板上藏著祕
密。在博物館人員完成修復，讓文字變得可識讀後，他馬上
就迫不及待地開始研究，並在讀完最後一個符號後大喊出
聲。他從椅子上跳了起來，四處奔跑，甚至還有傳聞說他脫

起了衣服——經過了 10 年的研究，史密斯終於找到了《舊約》之中最偉大故事的證據。

史密斯是全世界最偉大的亞述學家之一，但他的教育背景大概會讓人很意外。他 14 歲時輟學，到布萊伯利與伊凡斯出版社（Bradbury & Evans）當鈔券雕刻師，原本很可能會一直待下去，但辦公室離大英博物館很近，所以他午休時都會去那裡走走，又因為很擅長看雕刻細節，而開始注意到出土自古代美索不達米亞城市的楔形文字泥板。他利用午餐時間自學，學會解讀那些遺跡，之後更高明到博物館決定把他從出版社挖角過來，後來，史密斯很快就成為世上一流的亞述學家了。

1867 年，他發現泥板上有當代人對於日蝕的描述，並確認就是天文學家估計於西元前 763 年 6 月 15 日發生在美索不達米亞的那一次。那些描述，是關於確切日蝕日期的最早記錄之一。

不過，史密斯在翻譯古老泥板的過程中，也逐漸對另一項主題感到著迷：他開始在文字中尋找第一手證據，希望能證明《舊約》中描述的事件確實發生過，尤其是諾亞方舟故事中的那場大洪水，因為他認為這麼大的災難不可能沒有記錄。史密斯研究了 20 年，最後終於找到了：那片泥板是由鄂圖曼考古學家霍姆茲德‧拉薩姆（Hormuzd Rassam）所發現，寫成年代在《創世紀》（*Book of Genesis*）的很久之前。史密斯在上頭讀到一場「大洪水」，和一個建造巨船以拯救全世界動物的男子——讓他激動到開始脫衣服的，就是這段敘述。

這段關於洪水的描述是出自《吉爾迦美什史詩》（*The Epic of Gilgamesh*），現在，眾人普遍視這部作品為迄今最古老的長篇故事。這段敘述最晚應該是在 2700 年前由一位無名的亞述人刻下，不過在刻成文字前口傳了多久，我們無法確定。這個故事純屬虛構，但會和諾亞方舟那麼相似，並不是巧合，多數學者都認為《聖經》版本的靈感就是源自於此。

這部《吉爾迦美什史詩》象徵了文字演化史的最後一個階段。書寫系統剛出現在美索不達米亞的那 1000 年間，是會計人員的專屬工具，主要的功能是記錄債務和強制徵稅，基本上就像美索不達米亞的信用評等分數和稅務申報表格，所以學者不禁感到納悶：原本只用於僵化會計系統的文字，為什麼會在 2700 年前變得充滿彈性，讓世上最有名的故事得以流傳至今呢？

原因可能是有人在文士學校寫了幾個笑話。

笑話和詼諧的俗諺最早出現於近 4000 年前，亞述學家珍娜・馬蘇薩克（Jana Matuszak）告訴我，當時文士學校的老師會寫下古代的一些俏皮話讓學生照著刻，目的在於讓他們學習當時已經滅絕的蘇美語，並傳達當中的寓意。基本上就像古時候的伊索寓言，起初只是簡單的句子，但後來逐漸發展成了複雜的道德故事。楔形文字泥板的年代並不容易精確判定，所以要說哪個笑話或諺語出現得最早，幾乎是完全不可能。我曾問過耶魯大學的亞述學教授班傑明‧佛斯特（Benjamin Foster），他說有好幾個笑話都有可能是世上最古老的，以下這短短的兩句話就是其中之一：

獅子闖入羊圈時，狗就會戴上最好的牽繩。

說起來實在很不好笑，不過好的笑話似乎都有保存期限，某些甚至只能讓人笑個幾天，所以我們會覺得這無聊，也是很自然的事。然而現代人覺得有不有趣，並不是重點，佛斯特認為，寫下這句話的阿卡德人應該是真的覺得這話能博君一笑，可能也確實有成功讓大家笑出聲來。

多虧了這類的笑話，文字才從無聊的記帳工具發展出截然不同的面貌，成為人類史上最具創意的發明。早期的這些俗諺出現後，文字也變成了述說故事和傳遞資訊的途徑，基本上嘴巴能說的，文字都能寫。古代笑話雖然很冷，但卻是一個里程碑，象徵書寫系統從徵稅手段進化成記錄笑話和古代洪水史詩的媒介。

所以拯救了文字這種書面溝通工具的，究竟是哪個大笑話家呢？

我稱他為威爾（Will），以史上最偉大的文豪威廉・莎士比亞（William Shakespeare）先生命名。之所以說「他」，是因為學者指出迄今最早期的俗諺主要都是從男性觀點所寫，不過女文士確實也存在就是了。

威爾在將近 4000 年前出生於尼普爾（Nippur），這個古代城市位於現今的伊拉克中部，大約在巴格達南邊的 160 公里。約莫 7000 年前，尼普爾市建立於幼發拉底河沼澤地眾多的河岸，直到西元後的第一個千年間才衰敗，期間都一直有人居住，是全世界存續時間最長的都市之一。威爾出生時，幼發拉底河已經改道，原本常淹水的氾濫平原大部分都已乾涸，尼普爾的市民也已經捨棄蘆葦，改以美索不達米亞地區常用的泥磚來蓋房子了。

尼普爾是宗教之都，設有中央神廟，考古學家在此找到 40000 片蘇美泥板，內容幾乎都是關於神廟的行政事務、管理人員的薪酬、市民的稅務和穀物的計量。不過，其中有一些顯然是出自當地的文士學校。神廟的管理人員會在這些學校擔任老師，把蘇美語傳授給年幼的學生，而威爾就是這樣的老師，也就是說，他在阿卡德社會的地位應該相對較高，可能是出身優渥的家庭，也或許是有錢的商人之子也說不定。

阿卡德人是多神教，相信日常生活中的大小層面都有不同的神祇掌管：欠債時會求烏圖（Utu）幫忙清償債務；想報仇時，會請尼努爾塔（Ninurta）伸出援手；店員如果遇到有客人花錢請他們服務，則可能向恩基（Enki）發誓會盡快把工作完成。不過根據班特・奧斯特（Bendt Alster）在《古蘇美人的智慧》（*Wisdom of Ancient Sumer*）一書中所寫，最早的俗諺「反映出對社會行為極度世俗的態度」，可見威爾可能不是非常虔誠。對此，學者多半有共識，認為威爾這種蘇美文士基本上就像阿卡德版本的「週日基督徒」，對他們而言，宗教信仰有妥協空間，並不是絕對。

威爾小時候也上過文士學校，這種教育機構和現代的國小很像，學童也是在小學生的年紀入學，要寫作業、考試，某些科目和學習方式也一樣。楔形文字沒有標點符號，所以文法應該比現在簡單，不過學起來應該還是很沉悶無趣。當時，蘇美語已經滅絕，據奧斯特所說，就是因為這樣，泥板上才會出現幾個天大的錯誤。有個學生本來要練習代表「跛腳」的符號，結果卻誤刻成意思是「青蛙」的字，這種嚴重的錯誤母語人士不太會犯，不過在那個年代，蘇美語就像現在的拉丁文，只有受過教育的上流階級才懂。

學者認為，文士學校教的遠不只記帳而已。威爾也上過禮儀課，瞭解美索不達米亞的男女該如何舉止才合宜，而主要教材就是口傳的古代俗諺。這些格言嘲弄典型的愚人和他們的惡劣、愚蠢，能讓學生瞭解怎樣才算品行優良。這類型的笑話和俗諺就是馬蘇薩克所說的「汙辱人的藝術」，源起於古代的美索不達米亞。口傳了好幾世紀後，威爾才刻在泥板上，雖然用的是同一套符號，但使用目標和意義已經與以往不同。很自然地，這種新的教學概念在文士間越來越盛行，自此之後流傳下來的例子也很多，譬如以下這些由馬蘇薩克翻譯並傳給我的阿卡德罵人俗諺：

……簡直是猴腦：

她住在豬圈，烤箱就是她的會客室。

你丈夫沒衣服可穿，你也穿得破破爛爛。／你那些破布連屁股都遮不住！

文士學校的老師用這些羞辱人的好笑諺語來引人發笑，但其實也是要為學生好好上一課。「後來證據越來越明顯，」馬蘇薩克寫道，「啟示性蘇美文學中的『幽默』並不只是講笑話，或說些有趣的奇聞軼事而已。」主要目的是透過諺語中的主人翁之口來嘲弄愚人，藉此教育學生，譬如：

希望我的地不要太大，這樣我才能（趕快）回家！

以現代角度來看的話，這個「笑話」的意思大概是類似：「我最好不要賺太多錢，不然可就要繳一大堆所得稅了！」

威爾還在讀書時，應該就已透過口語形式學會了這些俗諺和罵人的話，而且一定學得很好，所以最後才會晉升為文士老師——原本只能聽課，後來還能自己決定上課方式。他創新的教學方法就是把笑話和汙辱化為文字，或許是為了出點比較有趣的功課給學生，免得他們只能一直寫些大麥運送資訊和一成不變的貿易相關內容，而他替創意作業所選的笑話很可能就是：獅子闖入羊圈時，狗就會戴上最好的牽繩。

　　威爾之所以會覺得好笑，原因在於這話等同於狗這麼說：「我原本是看門狗，但獅子一來，我就要套上牽繩回家當寵物了。」翻譯過後，笑點雖然變得不那麼明顯，但笑話的主要概念仍在，如果要用現代觀點重述的話，大概是救生員一看到鯊魚鰭劃過海面，就說要去吃午餐；另外，《鬼頭天兵》（Sgt. Bilko）這整部電影的情節，也幾乎都是在戳這個笑點。

───────────

　　史上最早的笑話和現代幽默有這麼多共通點，心理學家當然有注意到。智人的大腦中似乎有某種固定的基礎幽默公式，所以才會有那麼多的學者、哲學家、喜劇演員和作家，都想找出以幽默博得笑聲的通則。

　　羅馬博學家老普林尼認為，人之所以會笑，是因為皮膚底下的橫隔膜受到刺激，正因如此，皮膚特別薄的腋下被搔癢時，我們才會發笑；羅馬戰士在被刺中內臟的瀕死之際，也才會邊笑邊死去——不知道是真是假，但至少老普林尼是這麼說的。後來，心理學家廣泛地把發笑定義為「心境突然歷經愉悅轉變」後的結果。坦白說，這個定義並沒有比普林尼的橫隔膜理論清楚多少，所以學者又把笑話觸發愉悅心境轉變的原理分成了三大類。

看門狗笑話仰賴的是學者所說的「不一致理論」（incongruity theory）：開玩笑的人先讓聽者產生某種期待，然後再說些出乎意料的話，譬如「牧師、猶太教士和……一隻鴨子走進酒吧……」就是一個例子。以馬修‧赫爾利（Matthew Hurley）為首的三位麻省理工學院研究人員認為，這樣的不一致之所以會讓人感到愉悅，原因在於我們發現了自己既有假設中的錯誤，所以大腦會釋放出多巴胺來做為獎勵。「白蟻走進酒吧問：『調酒師在嗎？』」讀完這種簡單的笑話後，你可能會頓一下，然後覺得有點好笑，這就是不一致機轉的緣故。

第二個幽默理論，則是亞里斯多德提出的「優越理論」（superiority theory）。

優越理論探討的，是人在突然感到優越時，所體會到的快樂。一般而言,這種快樂的前提是犧牲他人,而且通常是奠基於旁人的痛苦之上。梅爾·布魯克斯(Mel Brooks)曾說:「割傷自己的手是悲劇,但旁人跌到水溝裡死掉的話,可就像是在看喜劇了。」這話道出了亞里斯多德的理論精髓,如果用數學公式來寫,那優越理論基本上就是:笑料 = 痛苦 + 距離。

最後,則是最根本的抒發理論(relief theory)──美國哲學家約翰·杜威(John Dewey)將之定義為「緊繃的感受突然釋放」。這個理論說明我們在面臨可怕或令人不安的事件時,為什麼會因為情境突然變得安全,而覺得有趣、好笑,像是驚嚇盒、追逐遊戲和搔癢都有這種效果。抒發理論也適用於其他物種,所以黑猩猩寶寶和人類嬰兒都喜歡互追,由此可見,因為眼下的危險突然消失而覺得好笑,應該是自古以來就存在的現象。

笑話之所以有趣,經常是因為翻轉了聽者的期待,而人的期待又有很大一部分是取決於當時的年代與文化,所以從笑話中其實可以看出社會結構。舉例來說,笑話中的笑柄是誰?是律師、異邦人、侍從還是計數人員?這些人是什麼種族、性別,外表又如何?誠如優越理論所述,笑話經常是拿社會最底層的人開刀,因此在楔形文字記錄中,嘲弄奴隸和女性的篇幅就多得不成比例。馬蘇薩克告訴我的以下這則,是考古學家迄今發現的最早笑話之一，從中我們也可以隱約看出阿卡德人厭女的態度：

她（如此）純潔的子宮沒「戲唱了」──（也就是說）她家要有財務損失了。

馬蘇薩克表示，「如此純潔」是最早以文字記錄下來的諷刺用語之一。除了厭女心態之外，類似的古老笑話也揭示了阿卡德社會結構的其他面向。佛斯特指出，貴族不太會淪為笑柄，但低階的官員和商人則經常成為標靶，懦弱、太有野心、舉止不檢點、色慾薰心和不誠實的人也一樣。不過佛斯特也告訴我：「要從楔形文字中分辨出哪些是低級、下流的笑話，並不是那麼容易，畢竟古代社會對於正派的標準是什麼，我們瞭解得並不多。」

刻意違反正派標準，在古代和當今的社會都是很受推崇的搞笑手段，譬如罵髒話就是這樣。罵髒話是故意挑戰文化禁忌的行為，可能從古至今都存在，但禁忌這種東西變得很快，所以我們很難推測威爾用石頭砸到自己的腳時，會罵出什麼話來。此外，有些事對某個文化的人來說或許沒禮貌到不行，但換做是在其他社會，大家可能根本覺得不算什麼。舉例來說，現代英文中的許多髒話都和身體功能及性行為有關，但其實就連在中世紀這種不算太久以前的時期，隱私都非常稀有，英國人甚至還會在開放空間大小便，所以跟廁所有關的說法如果用在這個時代，就會欠缺髒話應該有的文化衝擊效應，畢竟中世紀的幼稚園老師平常在教課時，可能就經常把「尿」（piss）這個字掛在嘴邊了。相較之下，中世紀的英國人如果刻意想語不驚人死不休，那應該會詛咒「神之骨」（god's bones）或「神之血」（god's blood）才對。所以威爾口中的髒字會和什麼有關呢？是宗教、種族、廁所還是截然不同的領域？這點學者無法確定。

雖然古代的笑點和現在不同，但笑話和故事的基礎架構倒是沒什麼變，就某些例子而言，甚至完全一樣。譬如阿卡德人 4000 年前的這則詼諧故事——佛斯特認為，這可能是史上最古老的笑話之一：

> 九匹狼抓到十隻羊，多出一隻，不知該怎麼分。這時，一隻狐狸走來，這麼說道：「我來幫忙分吧。你們九個拿一隻，我一個拿九隻，這樣分最好啦。」

這個笑話中的狐狸就是人類學家所說的「典型騙子」，會蓄意違反社會制度，倒也不是為了搞破壞，就只是為了一己之私。就學者研究過的文化而言，騙子在幾乎所有文化的民俗故事中都曾出現：在美洲原住民部落，郊狼經常是這種角色的象徵，在非洲文化中是兔子，在好萊塢則是金凱瑞

（Jim Carrey）和兔巴哥（Bugs Bunny）——自古以來，人腦似乎都覺得這種定型化角色有種難以抵抗的喜感，絲毫不受時代變遷的影響。

笑話、髒話和騙子這種定型化人物都從古代存續至今，顯示在威爾提筆記錄下來的很久以前，智人文化就已經有這些元素了。不過，他開了先例，把低俗的笑話和髒話刻在泥板上，首次留下和計數無關的書寫內容，也就是說，他在教授楔形文字、試圖讓這門科目變得容易學習時，也改變了文字這個媒介本身的性質。在威爾之後的那幾個世紀，這些書面的俏皮話都還是只有在文士學校裡流傳，但隨著越來越多文士導師開始寫下古代的蘇美俗語和道德故事，原先很基本的象形文字也逐漸成熟，最後終於發展成了能夠傳達各式語音的媒介。

起初，他們寫的都是簡短的單句笑話，不過隨著文字進步，笑話和俗諺也終究演變成了神話、史詩、歌曲、自傳和醫學論文。威爾和其他有創意的阿卡德文士學校老師雖然只是盡了棉薄之力，但卻貢獻得很有意義，成就了文字歷史的開端。

可惜的是，威爾的墳墓沒能留存下來，大概永遠找不到了，不過由於他的貢獻，他那些稱不上頂尖，但也還算可以的笑話則是會一直流傳下去。

17

誰發現了
夏威夷？

如果把人類在地球上生存的時間壓縮成一天，
那麼這件事，是發生在**晚上 11 點 55 分（1000 年前）**。

1000 年前
第一次有人踏上夏威夷

從某個角度來看，走出非洲理論談的是現代智人往全球
擴張、探險的歷史。這段故事始於大約 55000 年前，當時，
大量的現代智人從非洲向外遷徙，橫跨西奈半島，抵達中
東，然後也擴散到了歐洲和亞洲。

有些人往北移居到歐洲大陸各地，就人類頷骨的化石證
據來看，41000 年前就已經有人從陸橋抵達英國了。另一方
面，也有一群智人決定往南，行經印度、東南亞和印尼蘇門
答臘、爪哇和峇里島之間現已沉沒的陸橋，最後才因為在婆
羅洲東部遇到深海海溝華勒斯線（Wallace Line）而停下腳

步。雖然當時的海平面比現在低 90 多公尺，但要跨過這個海溝，還是必須乘船。就弗洛勒斯島（Island of Flores）上的人齒來看，考古學家認為智人最晚在 46000 年前就已划船橫越華勒斯線，而且約莫在 40000 年前時，就已經越過澳洲，來到塔斯馬尼亞的最南端了。

另一群智人則往東遷徙，橫越亞洲，在 40000 年前於日本住下。也有人往北探險，跨越北緯 60 度線，在 32000 年前進入西伯利亞西部，並穿越白令陸橋，踏上以往從來沒有人族能存活的地帶。從那時起到 16000 年前，他們的路都一直被加拿大的巨大冰蓋給阻擋，不過後來地球變暖，冰層也開始消融，讓智人通過了加拿大，美洲的第一批住民也在千年內抵達南美的最南端；4000 年前時，人類的活動範圍已經拓展到加拿大北極區和格陵蘭的東側。

到了 3000 年前時，地球上可居住的地方幾乎已全被現代智人占據，只剩下南太平洋那些林木蓊鬱的偏遠小島還沒有人。

早期智人在將近 45000 年前划船橫越華勒斯線以後，繼續往東拓展。起初，附近海域的島嶼都很近，站在海灘上就可以看到隔壁的島。奧克蘭大學的考古學教授傑佛瑞·艾爾文（Geoffrey Irwin）把這些島嶼稱為「航海幼兒園」，因為分布密集，所以讓划船者得以借助範圍廣闊的群島，在相對安全的環境中提升製船工藝與導航技巧。

早期的這些探險家乘著簡單的帆船四處跳島，最後抵達了巴布亞紐幾內亞東邊的索羅門群島（Solomen Islands）。不過如果再往外航行，就會發現南太平洋的島嶼越來越稀疏，接下來的萬那杜島（Vanuatu）和索羅門群島的距離遠得嚇人，中間隔了約莫 480 公里的大洋。

這樣的距離讓人類有好幾千年都無法往太平洋東部拓展，一直要到約莫 3000 年前，才有一群人從台灣南進——他們是考古學家口中的「拉皮塔人」，堪稱人類史上最有野心的探險族群。拉皮塔人並沒有留下太多船隻遺跡，不過學者認為他們可能發明了舷外浮桿獨木舟（outrigger canoe），讓船身變得較穩，在風中行進時性能也比較好。拉皮塔人靠著舷外浮桿突破了索羅門群島這道界線，抵達萬那杜後又再繼續航行，在 400 年內發現了斐濟、西玻里尼西亞、東加和薩摩亞。拉皮塔族群跳島的速度實在太快，所以考古學家認為，就只有探險的慾望能解釋這種行為背後的動機，艾爾文表示，「他們想看看地平線外是什麼……所以才一再上路。」

但最後，即使是拉皮塔人，也因為太平洋的偏遠地區實在太過遼闊而停下了腳步。比薩摩亞更遠的，是四散各處的紐西蘭、庫克群島（Cook Islands）、大溪地、馬克薩斯群島（Marquesas Islands）、復活島和夏威夷，再繼續航行的話，最後會來到南美沿岸。要抵達這些島，距離都是成千上萬公里起跳，必須要有大船和專業的導航員，並在大洋中待上好幾個月，才有可能成功，不過在 1200 年前，玻里尼西亞人仍征服了這些遙遠無比的航程。

玻里尼西亞人向南航行後發現了庫克群島，接著又抵達紐西蘭；另一群人則往東走，先航至大溪地，再到馬克薩斯群島和復活島，最後來到南美洲的智利沿岸——紐西蘭的番薯可以證明這點。番薯原本是美洲才有的原生物種，但卻出現在紐西蘭的玻里尼西亞農田，顯示至少某些玻里尼西亞探險家不僅造訪了南美洲，還橫跨近萬公里的大洋，與南美人維持貿易關係。

玻里尼西亞人的海上航行成果豐碩，但如果要說其中的哪一項堪稱人類探險史上最偉大的創舉，那應該就是發現夏威夷了吧。

夏威夷是全世界最孤立的群島，四周一片荒涼，什麼也沒有，而且離任何地方都很遠，所以許多歐洲探險家發現夏威夷有人住時，都認為最早發現的人肯定是因為船難才意外來到這裡。不過，相關猜測現在都已因為電腦模擬技術、考古發現和航線重建而釐清了：夏威夷的發現並不是意外。意外理論並沒有證據支撐，而且考古學家史考特・費茲派翠克（Scott Fitzpatrick）表示，研究人員模擬太平洋的信風和海流後，發現無論從哪裡出發，如果只是毫無方向的隨意航行，都幾乎不可能抵達夏威夷。早期提出意外理論的西方人其實都完全想反了：他們認為夏威夷與世隔絕，所以發現者肯定是意外抵達，但其實就是因為地處偏僻，所以才不可能是湊巧發現。

費茲派翠克表示，發現者一定是以尋找夏威夷為目標直接出發，而且是在早秋時節乘著快船啟航，最有可能的出發地是馬克薩斯群島。

換句話說，南太平洋的島嶼殖民者肯定是史詩級的海上探險家，而發現夏威夷的人大概就是其中最優秀的那一個。

所以這個人是誰呢？

我叫他寇克船長（Captain Kirk），以《星艦迷航記》（Star Trek）中那個探索新世界的角色命名。

寇克在約莫 1000 年前生於馬克薩斯，這個群島本身也很偏遠，位於夏威夷東南邊大約 3700 公里遠處。關於馬克薩斯文化的當代記錄非常少，在寇克生存的年代，東玻里尼西亞人並沒有書寫系統，而且後來歐洲傳教士在 18 世紀抵達，引入以天花為首的許多疾病，更造成當地 98% 的居民死亡。因此，人類學家對於這個古老航海民族的瞭解多半是四處拼湊而來，資料來源包括考古證據、首批抵達馬克薩斯群島的歐洲人留下的日記、鄰近的玻里尼西亞文化，以及群島的地形地貌。

馬克薩斯群島的居民以放牧、捕魚為生，並不從事狩獵採集。寇克會飼養已馴化的豬和雞，種植麵包果、芋頭和番薯，並在馬克薩斯生態豐富的礁石沿岸捕魚和收集貝類。他的衣著很簡單，因為群島一年四季都是溫暖的熱帶氣候，所以他可能就只有用樹皮裹住襠部而已，但身體的其他部位幾乎都有裝飾。

1774 年，庫克船長（James Cook）那艘知名南太平洋探險船上的水手查爾斯・克萊克（Charles Clerke）曾這麼寫道：「馬克薩斯人從頭到腳都有刺青，說有多美就有多美。」馬克薩斯人對刺青很看重，視之為文化與宗教信仰的表徵，終其一生都會不斷紋身。刺青師是全職的專業人員，會用骨針和鎚棒把炭製顏料刺入皮膚，客人則會以糧食、物品和服務來為這種又貴又痛的藝術付費。在馬克薩斯語中，刺青的說法是「ta-tu」，歐洲水手不僅把這種創作形式帶回母國，也沿用了這個字。

我們幾乎可以肯定寇克滿身都是刺青，而且有打耳洞，戴象牙製的耳環。有特殊場合時，他會把花插在頭上，並戴上公雞尾羽做成的頭飾或鼠海豚牙齒製的頭冠——精緻度之高，需要好幾週才做得出來。此外，他也會裝飾所有用品，因為馬克薩斯人相信，從事藝術並不只是為了美觀而已，也是與諸多神祇溝通的途徑。

他也有可能是音樂家。馬克薩斯人會演奏鼻笛，根據歐洲探險家的說法，當地男性經常會像犯相思病的青少年那樣，在女孩的窗外吹鼻笛，而不是提音響去放音樂或彈吉他。

除此之外，寇克也肯定是個鬥士。

馬克薩斯是既高又乾的島嶼，有高聳山脈形成山壁陡峭、保護作用很強的谷地。這些山壁導致社群之間難以交流，各族群平時互不往來，所以很容易不斷地互殺、復仇。就規模與死傷人數而言，他們的鬥爭遠不如歐洲國家在 20 世紀資助的組織化戰爭，但人類學家發現，由於不斷互鬥的緣故，即使是和 20 世紀的歐洲相比，馬克薩斯的人均他殺率仍經常高達五倍之多。

由於暴力猖獗，寇克可能會以活人獻祭，或許也會吃人。就早期人類學家的報告來看，這兩種行為在馬克薩斯群島都有，而且政治學家詹姆斯·潘恩（James Payne）表示，在暴力氾濫的情況下，以人獻祭是可預期的結果。雖然這可能和一般人的刻板印象相左，但其實人祭並非南太平洋才有的現象，也不是當地宗教特有的儀式。據潘恩所說，幾乎所有的主要宗教都有過殺人祭神的歷史，因為這種做法和特定信仰的教誨無關，只是長期鬥爭的後果而已。潘恩認為，頻繁互鬥會帶來雙重效應，一是讓人命顯得很不值錢，二則是讓大家以為天神喜歡人類鬥爭——否則為什麼每天都充斥著打打殺殺？在這樣的觀點下，人命十分卑賤，既然如此，殺個人來獻給神，當然也不足為惜。

寇克身兼鬥士、農夫、漁夫和音樂家，但更重要的是，他還是個水手。

庫克船長在 1779 年抵達夏威夷時，東玻里尼西亞人已經不再進行長程遠航了，所以並沒有太多資料來源，能讓我們瞭解寇克是如何學習航海技巧。不過，在庫克船長的奮進號（Endeaver）上幫忙導航的大溪地人圖帕伊亞（Tupaia）曾留下相關記錄，此外，1932 年生於密克羅尼西亞薩塔瓦爾環礁（Satawal）的傳統航海人毛·皮埃魯（Mau Piailug）也分享了自身故事與經驗，讓學者得以拼湊出可能的答案。

寇克可能是跟著父親或祖父學習航海，皮埃魯也是這樣，剛開始時，是由祖父教他港口、風向和南太平洋海流的相關知識。寇克應該是看星象學導航，而且就圖帕伊亞的第一手記錄來看，他的航海教育就像博士等級的天文課程，並不只是在營火旁看星座而已。

圖帕伊亞在奮進號上時，對社會群島（Society Islands）、南方群島（Austral Islands）、庫克群島、薩摩亞、東加、托克勞（Tokelau）和斐濟都如數家珍，會把這些地方的方位、航行時間、危險礁石、港口和酋長是誰等細節，全都告訴庫克船長。當代的記錄各有出入，但圖帕伊亞不是自己畫了一張地圖，而是把這些資訊全都記在心中，將近 2600 萬平方公里的南太平洋和當中的 130 座島嶼，他全都瞭若指掌。奮進號上的海軍練習生約瑟夫·馬拉（Joseph Marra）曾說圖帕伊亞是「真正的天才」，當時的歐洲人並不太容易接受不熟悉的文化，所以這可以說是相當崇高的讚美。

玻里尼西亞文化並沒有書寫系統，也沒有地圖，所以寇克必須背下大量資訊，要能辨認星星、記得軌跡，也要知道每顆星會在什麼季節出現、消失，哪些星斗又會在哪座島上升到天頂。對於玻里尼西亞人的航海能力，庫克船長曾這麼描述：

在他們之中，聰明的那些人無論是在哪一個月，都知道星星升到水平線上時會出現在天空的哪個地方，也能詳細說出星星每年會在何時出現、消失，對細節的掌握度遠超出一般歐洲天文學家的想像。

較年長的航海人會在海上測試寇克，派他獨自出海，讓他親身經歷一旦迷路就會喪命的體驗。他應該經常航行到馬克薩斯群島附近的島嶼，甚至可能曾橫越將近 1400 公里，抵達大溪地。相關的英文資料有時會稱寇克的船為「canoe」（獨木舟），但我認為這個翻譯不太精準，造成了大家對玻里尼西亞人航海能力的誤解；或許就是因為如此，意外漂流到夏威夷的理論才會變得盛行。在英文中，「canoe」是一日遊時，在平靜湖面上划的獨木舟，但這跟寇克的船根本差了十萬八千里。

就古代留下的船身和口述歷史來判斷，寇克的「canoe」應該長達 24 公尺左右，有雙重船體和爐子，帆至少有兩張，甲板上還有遮蔽處，是一艘很強大堅固的船，所以我稱之為「奮進號」。

寇克應該是以巨大的瓊崖海棠樹製成船體，並將木條挖深以擴充乘載空間，也會用椰子的外皮編織成繩索，並以亮面已磨掉的棕櫚樹葉做成大型的帆。學者認為，製造這種大型船隻需要非常多資源，所以玻里尼西亞人應該是把島嶼探險看做很重要的使命，而不只是興趣而已。

奮進號製成後，可以容納 40 個人，把航行數個月所需的水和食物裝入椰子殼後，也全都放得下，其中，光是水就重達五噸了。占領新島嶼初期所需的一切，包括能成對繁殖的豬、雞、番薯、山藥、麵包果和種子等等，奮進號全都能載，不過寇克剛開始出航去探險時，應該經常以失敗收場，所以他大概只會帶上完成探索任務所需的船員和物資。

中年時的寇克已經是經驗豐富的大洋導航員，東邊的復活島和西邊的大溪地及庫克群島，他可能都已去過，但在發現夏威夷的那趟旅程中，他倒是決定要往北走。玻里尼西亞人當時並不知道北邊有任何島嶼，所以他為什麼會做出這個決定，目前仍是謎團。或許考古學家派翠克・克奇（Patrick Kirch）在《往內陸游的鯊魚是我的首領》（*A Shark Going Inland Is My Chief*）一書中說的沒錯，或許就只是太平洋金斑鴴飛在空中時，吸引了他的目光而已。

太平洋金斑鴴是一種小型鳥類，身上黃色與棕色錯落，會沿著海灘和潮汐平原覓食，一年中有六個月會住在馬克薩斯群島，到了四月則會北遷，半年後再回來。庫克船長

1778 年看見太平洋金斑鴴飛在船的上空時，曾在日誌中這麼寫道，「這應該代表北邊還有其他島嶼，讓這些鳥可以在適當的季節回去繁殖吧？」早在庫克船長將近 1000 年之前，寇克可能就已經問過自己這個問題了。

　　寇克能觀察到這個現象是很幸運沒錯，不過金斑鴴的遷徙之路長得驚人，抵達夏威夷後並不會在那兒歇腳，而是會繼續飛往阿拉斯加的海岸。話雖如此，金斑鴴往北飛的模式或許還是啟發了寇克，讓他認為北方可能有遙遠的陸地存在。

　　費茲派翠克曾用天氣模型模擬寇克的航程，研究結果顯示，在 11 月出發的話，信風方向對他有利，所以發現夏威夷的機率最高；就模型來看，如果不是在秋天啟航，那根本不可能抵達，在行程中就得掉頭回家了。

　　寇克在途中會追蹤自己所在的經度和緯度，藉此來導航。計算緯度相對簡單，只要在夜間或正午測量星星或太陽在水平線上的頂點角度即可，但估算經度可就完全是另一回事了——他必須使用水手口中那可怕的「航位推測法」（dead reckoning），基本上就是得同時觀察風向、海浪的湧動、候鳥遷徙時的飛行路徑、星星的位置和太陽的軌跡，並在考慮海流影響的情況下計算航速，才能確定當下的位置，換言之，他根本不可能睡覺。現代人如果採用航位推測法，一天必須在船舵旁待上 22 小時，另外 2 小時則交給信賴的夥伴，這樣才有辦法追蹤速度與海流。

寇克在航程中會謹慎留意周遭是否有島嶼存在的跡象，譬如常在沿岸出沒的鳥、折射的湧浪、海龜、漂浮的廢棄物，或是堆積在地平線上的雲，都可能代表附近有陸地。就電腦模擬結果來看，在一般情況下，寇克的平均航速應該是每小時 5.5 公里左右，也就是說，出海 24 天以後，他應該就會注意到海鷗和角度改變的湧浪，或是看見雲層堆積在夏威夷 4300 公尺左右的茂納凱亞火山（Mauna Kea）上方了。

沒有人知道寇克是從哪裡登陸。庫克船長第一趟是選在可愛島（Kauai）的懷米亞灣（Waimea Bay），第二次則是停在大島（Big Island）的凱阿拉凱夸灣（Kealakekua），但無論寇克是從哪裡上岸，應該都會覺得眼前所見就像令人大開眼界的伊甸園：礁石周圍四散著和盤子一樣大的海螺，還有不會飛的大鳥可以輕易抓來吃，不過他應該沒有久待就是了。多數學者都認為，玻里尼西亞人早期出航時都只是探險性質，所以寇克大概只是補充了物資，並確認那個島嶼可以住人，然後就回航了。

以航海的角度來看，回程會比去程來得危險。航行一個月後，他會來到正確的緯度，但接著就會面臨一個艱鉅的選擇：他要往東還往西，才會抵達馬克薩斯？

　　寇克面臨的這個抉擇，一直到 17 世紀末都仍是水手口中的「經度難題」：空中沒有任何天體線索能讓航海人分辨東西，太陽是會升起降落沒錯，但人類並沒有辦法感知到各地日出日落時間的差異，我們現在所說的「時差」就是起因於此。寇克計算速度或海流時，不管是犯下多麼小的錯誤，或是有風暴使他偏離航道的話，都很有可能會判斷錯誤，必死無疑。他對航程中的一切都必須仔細觀察，才不會駛入鬼門關，丟了性命。

　　在寇克出航的 700 年後，英國准將喬治・安森（George Anson）以船長身分帶領百夫長號（Centurion）時，也遇到了同樣的困境。火地群島底下的風暴使他失去方向，還阻斷了船的航路，他眼見船員開始死於壞死病，決定在胡安・費爾南德斯群島（Juan Fernández Islands）暫時找個地方休憩。但雖然成功把船開到正確的緯度，卻再也無法確定當時所處的經度，不知道該往東還往西，於是選擇兩邊兼顧，走 Z 字形的路線，偏偏智利的海岸線險阻難行，所以在他終於找到港口前，船員已經死了 80 人。

　　庫克船長在找馬克薩斯群島時，靠的是阿爾瓦羅・德・門達尼亞（Álvaro de Mendaña）船長先前的測量資料。門達尼亞是第一個航至馬克薩斯群島的歐洲人，抵達時間是 1595 年。他留下的群島緯度正確無誤，但經度卻跟實際數值差了 1100 多公里，誤差值跟德州一樣寬。庫克之所以能找到馬克薩斯群島，是因為他知道出發地在群島東邊，也就是說，他只要行駛到正確的緯度，然後再一路往西，直到看見陸地就行了，這就是所謂的經度航行法。

偏偏寇克是從北邊回航，所以這個方法並不適用，他航行到正確的緯度後，可沒有時間去走錯一條和德州一樣寬的路，所以勢必得搞清楚該往東還是往西才行。

到了 1761 年，英國製錶匠約翰·哈里森（John Harrison）製造出能連續數月維持超高精準度的鐘，從這時起，歐洲水手才終於有辦法測量經度。寇克當初到底是如何確認經度，幾乎可說是個謎。有些學者認為，他可能是採用奠基於數千年島嶼殖民經驗的未知技巧，只是這種方法已經失傳，譬如艾爾文就在〈航海與殖民〉（Voyaging and Settlement）中寫道，「或許⋯⋯這些偉大的航海人對許多島嶼的天頂星座都瞭若指掌，所以能建置出一套演算方式，讓水手能無所畏懼，安心從家園出發西航。」

寇克回到馬克薩斯群島後，可能又從家鄉帶了一群人回到夏威夷去殖民，出動好幾艘船，每艘都載著 40 個人，以及建立殖民地所需的動物和種子。碳遺跡顯示，他們重回夏威夷後，焚燒了大片森林用來耕作，並在一個世代的時間內，就把不會飛的大型鳥類獵捕到絕種。這片從未開墾過的肥沃土地造成人口爆炸，庫克近 800 年後抵達時，估計已經有 50 萬人住在夏威夷群島了。

至於寇克大概還是繼續在航海，有好幾百年的時間，東玻里尼西亞的各島之間都仍保有聯繫。在玻里尼西亞的口述歷史中，有古代航海人往返於大溪地和夏威夷之間的故事，而大溪地也有以夏威夷岩石製成的古老石器。不過，後來雙方彼此交流的傳統終究沒能延續下去，原因或許正如克奇所說，是因為夏威夷人口達到一定數量後，大家就開始比較著重本地群島中各島之間的航行了。庫克抵達可愛島時，當地有好幾十艘船，但沒有任何一艘的規模能與寇克的奮進號相比。庫克雖然沒能見識到古代的雙體船，對於玻里尼西亞人的航海本領卻毫不懷疑，而且始終都認為他們是目的性地向外殖民。

2014 年，考古學家在以色列的一個洞穴發現了 55000 萬年前的頭骨，這一小塊骨頭象徵現代智人開始向外探索，尋找地球上可居住的地方。

在 54000 年後，寇克發現了夏威夷，則象徵這段探索之旅的完結。

致謝

　　我要感謝許多慷慨的學術界人士耐心地花時間與我分享研究，如果沒有他們，我根本不可能想到這本書的點子並著手寫作。幫過我的人太多，我無法在此一一列舉，只能列出幫助我特別多的幾位。當然啦，書中的內容如果有錯，完全是我的問題，但要是沒有以下諸位鼎力相助的話，出錯的地方一定更多。

　　謝謝比爾・杜爾漢早在這本書的發想階段，就給予我啟發、指引與介紹；謝謝瓦爾 - 薛佛勒和泰特・波列特提供想法、意見，並幫忙修改內容；謝謝基斯・岱弗林、瑞克、羅斯穆森、克萊和席格（還有他的學生！）花上許多時間，耐心地向我解說；謝謝杭特幫忙破解燒腦懸案；也謝謝馬蘇薩克提供好幾則古老無比的短笑話。

　　另外，我也要感謝家人和朋友閱讀草稿並給我意見；謝謝凱文・普拉特納在地圖學和鐘錶學方面發揮專長，我就知道你對這些領域一定很有一套；也謝謝艾莉亞・漢娜・哈波代表我，並給我指導與鼓勵；謝謝珊娜·凱莉和企鵝出版團隊的許多同仁在各階段對這本書的照顧；最後，我要特別感謝超棒的編輯瑪格·勒德，謝謝你以純熟的技巧引領我完成書中的故事。

參考資料

01 誰發明了發明？

- Byrne, Richard. *The Manual Skills and Cognition That Lie Behind Hominid Tool Use*.Cambridge, UK: Cambridge University Press, 2004.
- Currier, Richard. *Unbound: How Eight Technologies Made Us Human and Brought Our World to the Brink*. New York: Arcade Publishing, 2015.
- DeSilva, Jeremy M. "A Shift Toward Birthing Relatively Large Infants Early in Human Evolution." *Proceedings of the National Academy of Sciences* (January 2011).
- Falk, Dean. "Prelinguistic Evolution in Early Hominins: Whence Motherese?" *Behavioral and Brain Sciences* (August 2004).
- Goodall, Jane. *The Chimpanzees of Gombe: Patterns of Behavior*. Cambridge, MA: Harvard University Press, 1986.
- Henrich, Joe. *The Secret of Our Success: How Culture Is Driving Human Evolution, Domesticating Our Species, and Making Us Smarter*. Princeton, NJ: Princeton University Press, 2015.
- Rosenberg, Karen, et al. "Did Australopithecines (or Early Homo) Sling?" *Behav-ioral and Brain Sciences* (August 2004).
- Stringer, Chris. Lone Survivors: *How We Came to Be the Only Humans on Earth*. New York: Times Books, 2012.
- Schefer, Cara- Wall, et al. "Infant Carrying: The Role of Increased Locomotory Costs in Early Tool Development." *American Journal of Physical Anthropology* (June 2007).
- Taylor, Timothy. *The Artificial Ape: How Technology Changed the Course of Human Evolution*. New York: St. Martin's Press, 2010.
- Walter, Chip. *The Last Ape Standing: The Seven- Million- Year Story of How and Why We Survived*. New York: Bloomsbury, 2013.
- Wong, Kate. "Why Humans Give Birth to Helpless Babies." *Scientific American*, August 28, 2012.

02 誰發現了火？

- Aeillo, Leslie, and Peter Wheeler. "The Expensive- Tissue Hypothesis." *Current Anthropology* (April 1995).
- "Bonobo Builds a Fire and Toasts a Marshmallow." *Monkey Planet*, BBC One.2014.
- Bramble, Dennis, and Daniel Lieberman. "Endurance Running and the Evolution of Homo." *Nature* (November 2004).
- Carmody, Rachel N., and Richard W. Wrangham. "The Energetic Significance of Cooking." *Journal of Human Evolution* (2009).
- Hoberg, E. P., et al. "Out of Africa: Origins of the Taenia Tapeworms in Humans." *Proceedings of the Royal Society Biological Sciences* (April 2001).
- McGee, Harold. *On Food and Cooking: The Science and Lore of the Kitchen*. New York: Scribner, 1984.
- Plavcan, J. Michael. "Body Size, Size Variation, and Sexual Size Dimorphism in Early Homo." *Current Anthropology* (December 2012).
- Pruetz, Jill D., and Nicole M. Herzog. "Savanna Chimpanzees at Fongoli, Senegal, Navigate a Fire Landscape." *Current Anthropology* (August 2017).
- Raffaele, Paul. "Speaking Bonobo." *Smithsonian Magazine, November* 2006.
- Salzberg, Hugh. *From Caveman to Chemist: Circumstances and Achievements*. Washington, DC: American Chemical Society, 1991.
- Sorensen, A. C. et al. "Neanderthal Fire- Making Technology Inferred from Microwear Analysis." *Scientific Reports* (July 2018).
- Theunissen, Bert. "Eugène Dubois and the Ape- Man from Java." Dordrecht, The Netherlands: Kluwer Academic Publishers Group, 1988.
- Wade, Nicholas. *Before the Dawn: Recovering the Lost History of Our Ancestors*. New York: Penguin Press, 2006.
- Wrangham, Richard. *Catching Fire: How Cooking Made Us Human*. New York: Basic Books, 2009.

03 第一個吃牡蠣的人是誰？

- Caspari, Rachel, and Sang- Hee Lee. "Older Age Becomes Common Late in Human Evolution." *Proceedings of the National Academy of Sciences* (July 2004).
- Frisch, Rose, and Janet McArthur. "Menstrual Cycles: Fatness as a Determinant of Minimum Weight for Height Necessary for Their Maintenance or Onset." *Science* (October 1974).
- Kelly, Robert L. *The Lifeways of Hunter Gatherers: The Foraging Spectrum*. Cambridge, UK: Cambridge University Press, 2013.
- Klein, Richard, with Blake Edgar. *The Dawn of Human Culture*. New York: John Wiley, 2002.
- Lee, Richard Borshay. *The !Kung San: Men, Women, and Work in a Foraging Society*. Cambridge, UK: Cambridge University Press, 1979.
- Marean, Curtis, et al. "Early Human Use of Marine Resources and Pigment in South Africa During the Middle Pleistocene." *Nature* (October 2007).
- National Cancer Institute. "Age and Cancer Risk." Cancer.gov. April 2015.
- Shea, John. "The Middle Paleolithic of the East Mediterranean Levant." *Journal of World Prehistory* (January 2003).
- Trinkaus, Erik, et al. "Anatomical Evidence for the Antiquity of Human Footwear Use." *Journal of Archaeological Science* (August 2005).

04 誰發明了衣物？

- Brown, Donald E. *Human Universals*. New York: McGraw- Hill Humanities/ Social Sciences/ Languages, 1991.
- deMenocal, Peter, and Chris Stringer. "Climate and the Peopling of the World." *Nature* (October 2016).
- Gilligan, Ian. "The Prehistoric Development of Clothing: Archaeological Implications of a Thermal Model." *Journal of Archaeological Method and Theory* (January 2010).
- Hayden, Brian. "Practical and Prestige Technologies: The Evolution of Material Systems." *Journal of Archaeological Method and Theory* (March 1998).
- Hogenboom, Melissa. "We Did Not Invent Clothes Simply to Stay Warm." BBC Earth. September 19, 2016.
- Kittler, Ralf, Manfred Kayser, and Mark Stoneking. "Molecular Evolution of Pediculus Humanus and the Origin of Clothing." *Current Biology* (August 2003).
- Papagianni, Dimitra, and Michael A. Morse. *The Neanderthals Rediscovered: How Modern Science Is Rewriting Their Story*. New York: Thames & Hudson, 2013.
- Pinker, Steven. *The Blank Slate: The Modern Denial of Human Nature*. New York: Penguin, 2003.
- Rodgers, Alan, et al. "Genetic Variation at the MC1R Locus and the Time since Loss of Human Body Hair." *Current Anthropology* (2004).
- Ruddiman, William. *Earth's Climate: Past and Future*. New York: W. H. Freeman, 2003.
- St. Clair, Kassia. *The Golden Thread: How Fabric Changed History*. London: John Murray, 2018.
- Toups, Melissa, et al. "Origin of Clothing Lice Indicates Early Clothing Use by Anatomically Modern Humans in Africa." *Molecular Biology and Evolution* (January 2011).
- Wales, Nathan. "Modeling Neanderthal Clothing Using Ethnographic Analogues." *Journal of Human Evolution* (December 2012).
- Zinsser, Hans. *Rats, Lice and History*. Boston, MA: Little, Brown and Company, 1934.

05 誰射出了世上第一支箭？

- Alexander, Gerianne, and Melissa Hines. "Sex Differences in Response to Children's Toys in Nonhuman Primates (Cercopithecus aethiops sabaeus)." *Evolution and Human Behavior* (November 2002): 464– 79.
- Backwell, Lucinda, et al. "The Antiquity of Bow- and- Arrow Technology: Evidence from Middle Stone Age Layers at Sibudu Cave." *Antiquity* (April 2018).
- Churchill, Steven. "Weapon Technology, Prey Size Selection, and Hunting Methods in Modern Hunter- Gatherers: Implications for Hunting in the Palaeolithic and Mesolithic." *Archaeological Papers of the American Anthropological Association* (January 1993).

- Churchill, Steven, et al. "Shanidar 3 Neandertal Rib Puncture Wound and Paleolithic Weaponry." *Journal of Human Evolution* (August 2009).
- Farmer, Malcolm. "The Origins of Weapon Systems." *Current Anthropology* (December 1994).
- Kennett, Douglas. "Sociopolitical Effects of Bow and Arrow Technology in Prehistoric Coastal California." *Evolutionary Anthropology Issues News and Reviews* (May 2013).
- Kratschmer, Alexandra Regina, et al. " Bow- and- Arrow Technology: Mapping Human Cognition and Perhaps Language Evolution." The Evolution of Language: The Proceedings of the 10th International Conference. 2014.
- Kroeber, Theodora. *Ishii in Two Worlds: A Biography of the Last Wild Indian in North America.* Berkeley and Los Angeles: University of California Press, 1961.
- Lombard, Marlize. "Indications of Bow and Stone- Tipped Arrow Use 64,000 Years Ago in KwaZulu-Natal, South Africa." *Antiquity* (September 2010).
- Lombard, Marlize, and Miriam Noël Haidle. "Thinking a Bow- and- Arrow Set: Cognitive Implications of Middle Stone Age Bow and Stone- Tipped Arrow Technology." *Cambridge Archaeological Journal* (June 2012).
- Sisk, Matthew, and John Shea. "Experimental Use and Quantitative Performance Analysis of Triangular Flakes (Levallois Points) Used As Arrowheads." *Journal of Archaeological Science* (September 2009).
- Wadley, Lyn, et al. "Traditional Glue, Adhesive and Poison Used for Composite Weapons by Ju/'hoan San in Nyae Nyae, Namibia. Implications for the Evolution of Hunting Equipment in Prehistory." *PLoS ONE* (October 2015).
- Yu, Pei-lin. "From Atlatl to Bow and Arrow: Implicating Projectile Technology in Changing Systems of Hunter- Gatherer Mobility." In *Archaeology and Ethnoarchaeology of Mobility*, edited by Pei- lin Yu. Gainesville, FL: University of Florida Press, 2006.

06 誰畫出了世上第一幅名作？

- McAuliffe, Kathleen. "If Modern Humans Are So Smart, Why Are Our Brains Shrinking?" *Discover* (September 2010).
- *Cave of Forgotten Dreams*. DVD. Directed by Werner Herzog. Orland Park, IL: MPI Media Group, 2011.
- Chauvet, Jean- Marie, Eliette Brunel Deschamps, and Christian Hillaire. Dawn of Art: *The Chauvet Cave*. New York: Harry N. Adams, 1996.
- Clottes, Jean. *Cave Art*. New York: Phaidon Press, 2010.
- Conard, Nicholas. "New Flutes Document the Earliest Musical Tradition in Southwestern Germany." *Nature* (August 2009).
- Curtis, Gregory. *The Cave Painters: Probing the Mysteries of the World's Prehistoric Artists.* New York: Random House, 2008.
- Franses, P. H. "When Do Painters Make Their Best Work?" *Creativity Research Journal* (2013): 457– 62.
- Fu, Qiaomei, et al. "The Genetic History of Ice Age Europe." *Nature* (June 9, 2016).
- Lotzof, Kerry. "Cheddar Man: Mesolithic Britain's Blue- Eyed Boy." Natural History Museum website, February 7, 2018, updated April 18, 2018. https:// www.nhm.ac.uk/ discover/ cheddar- man- mesolithic- britain-blue- eyed- boy.html.
- Robinson, John. "Return to the Chauvet Cave." Bradshaw Foundation website, 2001.
- Théry- Parisot, Isabelle, et al. "Illuminating the Cave, Drawing in Black: Wood Charcoal Analysis at Chauvet- Pont d'Arc." *Antiquity* (April 2018).
- Thurman, Judith. "First Impressions," *New Yorker*, June 23, 2008

07 誰最先發現了美洲？

- Abbott, Alison. "Mexican Skeleton Gives Clue to American Ancestry." *Nature* (May 2014).
- Bourgeon, Lauriane, et al. "Earliest Human Presence in North America Dated to the Last Glacial Maximum: New Radiocarbon Dates from Bluefish Caves, Canada." *PLoS One* (January 2017).
- Cinq-Mars, Jacques, and Richard E. Morlan. "Bluefish Caves and Old Crow Basin: A New Rapport." In *Ice Age Peoples of North America. Environments, Origins, and Adaptations of the First Americans*, edited by Robson Bonnichsen and Karen L. Turnmire. College Station, TX: Texas A& M University Press, Center for the Study of the First Americans, 1999.
- Erlandson, Jon, et al. "The Kelp Highway Hypothesis: Marine Ecology, the Coastal Migration Theory, and the Peopling of the Americas." *Journal of Island and Coastal Archaeology* (October 2007).
- Fagundes, Nelson, et.al., "How Strong Was the Bottleneck Associated to the Peopling of the Americas? New Insights from

Multilocus Sequence Data." *Genetics and Molecular Biology* 41 (2018): 206– 14.
- Goebel, Ted. "The Archaeology of Ushki Lake, Kamchatka, and the Pleistocene Peopling of the Americas." *Science* (2003).
- Graf, Kelly E., Caroline V. Ketron, and Michael R. Waters. *Paleoamerican Odyssey*. College Station, TX: Texas A& M University Press, 2014.
- Lesnek, Alia, et al. "Deglaciation of the Pacific Coastal Corridor Directly Preceded the Human Colonization of the Americas." *Science Advances* (May 2018).
- Potter, Ben A. "A Terminal Pleistocene Child Cremation and Residential Structure from Eastern Beringia." *Science* (February 2011).
- Pringle, Heather. "Welcome to Beringia." *Science* (February 28, 2014).
- Ruhlen, Merritt. *The Origin of Language: Tracing the Evolution of the Mother Tongue*. New York: John Wiley, 1996.
- Sikora, Martine, et al. "Ancient Genomes Show Social and Reproductive Behavior of Early Upper Paleolithic Foragers." *Science* (November 2017).
- Skoglund, Pontus, and David Reich. "A Genomic View of the Peopling of the Americas." *Current Opinion in Genetics & Development* (December 2016): 27– 35.
- Tamm, Erika, et al. "Beringian Standstill and Spread of Native American Founders." *PLoS ONE* (September 2007)

08 誰喝了世上第一杯啤酒？

- Bostwick, William. *The Brewer's Tale: A History of the World According to Beer*. New York: W. W. Norton, 2014.
- Braidwood, Robert J., et al. "Did Man Once Live by Beer Alone?" *American Anthropologist* 55, no. 4 (October 1953).
- Gallone, Brigida, et al. "Domestication and Divergence of Saccharomyces cerevisiae Beer Yeasts." *Cell* (September 2016).
- Hayden, Brian, et al. "What Was Brewing in the Natufian? An Archaeological Assessment of Brewing Technology in the Epipaleolithic." *Journal of Archaeological Method and Theory* (March 2013).
- Hobhouse, Henry. *Seeds of Change: Six Plants That Transformed Mankind*. Los Angeles, CA: Counterpoint, 2005.
- Katz, Solomon, and Mary Voigt. "Bread and Beer: The Early Use of Cereals in the Human Diet." *Expeditions* 28, no. 2 (1986): 23– 35.
- Legras, J. L., et al. "Bread, Beer and Wine: Saccharomyces cerevisiae Diversity Reflects Human History." *Molecular Ecology* (May 2007).
- Moore, A. M. T., et al. "The Excavation of Tell Abu Hureyra in Syria: A Preliminary Report." *Proceedings of the Prehistoric Society* (1975).
- National Geographic. "What the World Eats." National Geographic website, April 2019. https:// www.nationalgeographic. com/ what- the- world- eats.
- Paulette, Tate, and Michael Fisher. "Potent Potables of the Past: Beer and Brewing in Mesopotamia." *Ancient Near East Today* 5, no. 4 (April 2017).
- Rodger, N.A.M. *The Command of the Ocean: A Naval History of Britain 1649– 1815*. New York: Penguin Books, 2006.
- Smalley, John, and Michael Blake. "Sweet Beginnings: Stalk Sugar and the Domestication of Maize." *Current Anthropology* (December 2003).
- Standage, Tom. *A History of the World in 6 Glasses*. New York: Bloomsbury, 2005.
- Yaccino, Steven. "For Its Latest Beer, a Craft Brewer Chooses an Unlikely Pairing: Archaeology." *New York Times*, June 17, 2013

09 世上的第一台手術是誰操刀？

- Albanèse, J., et al. "Decompressive Craniectomy for Severe Traumatic Brain Injury: Evaluation of the Effects at One Year." *Critical Care Medicine* (October 2003).
- Alt, Kurt W., et al. "Evidence for Stone Age Cranial Surgery." *Nature* (June 1997).
- Butterfield, Fox. "Historical Study of Homicide and Cities Surprises the Experts." *New York Times*, October 23, 1994.
- Faria, Miguel A. "Neolithic Trepanation Decoded: A Unifying Hypothesis: Has the Mystery As to Why Primitive Surgeons Performed Cranial Surgery Been Solved?" *Surgical Neurology International* (May 2015).
- Henshcen, Folke. *The Human Skull: A Cultural History*. Santa Barbara, CA: Praeger Publishers, 1965.
- Hershkovitz, I. "Trephination: The Earliest Case in the Middle East." *Mitekufat Haeven: Journal of the Israel Prehistoric Society* (1987): 128– 35.

- Lv, Xianli, et al. "Prehistoric Skull Trepanation in China." *World Neurosurgery* (December 2013): 897– 99.
- Meyer, Christian, et al. "The Massacre Mass Grave of Schöneck- Kilianstädten Reveals New Insights into Collective Violence in Early Neolithic Central Europe." *PNAS* (September 2015): 11217– 222.
- Olalde, Iñigo, et al."A Common Genetic Origin for Early Farmers from Mediterranean Cardial and Central European LBK Cultures." *Molecular Biology and Evolution* (December 2015): 3132– 42.
- Petrone, Pierpaolo, et al. "Early Medical Skull Surgery for Treatment of PostTraumatic Osteomyelitis 5,000 Years Ago." *PloS One* (May 2015).
- Prioreschi, Plinio. *A History of Medicine: Primitive and Ancient Medicine.* N.p.: Horatius Press, 2002.
- Rudgley, Richard. *The Lost Civilizations of the Stone Age.* New York: Free Press,1999.
- Sigerist, Henry. *A History of Medicine Volume 1: Primitive and Archaic Medicine.* Oxford, UK: Oxford University Press, 1951.
- Verano, John. *Holes in the Head: The Art and Archaeology of Trepanation in Ancient Peru.* Cambridge, MA: Harvard University Press, 2016.
- Watson, Traci. "Amazing Things We've Learned from 800 Ancient Skull Surgeries." *National Geographic*, June 30, 2016.

10 第一個騎馬的人是誰？

- Anthony, David. *The Horse, the Wheel, and Language: How Bronze- Age Riders from the Eurasian Steppes Shaped the Modern World.* Princeton, NJ: Princeton University Press, 2007.
- Anthony, David, and Dorcas Brown. "Horseback Riding and Bronze Age Pastoralism in the Eurasian Steppes." In *Reconfiguring the Silk Road*, edited by Victor Mair and Jane Hickman. Philadelphia, PA: University of Pennsylvania Press, for the Museum of Archaeology and Anthropology, 2014.
- Chang, Will, et al. " Ancestry- Constrained Phylogenetic Analysis Supports the Indo- European Steppe Hypothesis." *Language* (January 2015).
- Diamond, Jared. *Guns, Germs, and Steel: The Fates of Human Societies.* New York: W. W. Norton, 1999.
- Haak, Wolfgang, et al. "Massive Migration from the Steppe Is a Source for IndoEuropean Languages in Europe." *Nature* (June 2015).
- Olsen, Sandra. "Early Horse Domestication on the Eurasian Steppe." *Documenting Domestication: New Genetic and Archaeological Paradigms* (2006): 245– 69.
- Outram, Alan K., et al. "The Earliest Horse Harnessing and Milking." *Science* (March 2009).

11 誰發明了輪子？

- Anthony, David. *The Horse, the Wheel, and Language: How Bronze- Age Riders from the Eurasian Steppes Shaped the Modern World.* Princeton, NJ: Princeton University Press, 2007.
- Anthony, David W., and Don Ringe. "The Indo- European Homeland from Linguistic and Archaeological Perspectives." *Annual Review of Linguistics* 1 (2015): 199– 219.
- Bouckaert, Remco, et al. "Mapping the Origins and Expansion of the IndoEuropean Language Family." *Science* (2012).
- Callaway, Ewen. "Bronze Age Skeletons Were Earliest Plague Victims." *Nature* (October 2015).
- Charnay, Désiré. *The Ancient Cities of the New World.* Cambridge, UK: Cambridge University Press, 2013.
- Hassett, Janice, et al. "Sex Differences in Rhesus Monkey Toy Preferences Parallel Those of Children." *Hormones and Behavior* (August 2008): 359– 64.
- Rasmussen, Simon, et al. "Early Divergent Strains of Yersinia pestis in Eurasia 5,000 Years Ago." *Cell* (October 2015).
- Reinhold, Sabine, et al. "Contextualising Innovation: Cattle Owners and Wagon Drivers in the North Caucasus and Beyond." In *Appropriating Innovations: Entangled Knowledge in Eurasia, 5000– 150 BCE.* Oxford, UK: Oxbow Books, 2017.
- Vogel, Steven. *Why the Wheel Is Round: Muscles, Technology, and How We Make Things Move.* Chicago, IL: University of Chicago Press, 2016.
- Williams, Christina, and Kristen Pleil. "Toy Story: Why Do Monkey and Human Males Prefer Trucks?" *Hormones and Behavior* (May 2008).

12 第一起神祕謀殺案的兇手是誰？

- Bowles, Samuel, et al. "Did Warfare Among Ancestral Hunter- Gatherers Affect the Evolution of Human Social Behaviors?" *Science* (June 5, 2009): 1293– 98.
- Brennan, Bonnie, and David Murdock. *Nova*: "Iceman Reborn." Produced and directed by Bonnie Brennan. Arlington, VA: PBS, February 17, 2016.
- Bulger, Burkhard. "Sole Survivor." *New Yorker*, February 14, 2005.
- Butterfield, Fox. "Historical Study of Homicide and Cities Surprises the Experts." *New York Times*, October 23, 1994.
- Feltman, Rachel. "What Was Otzi The Iceman Wearing When He Died? Pretty Much the Entire Zoo." *Washington Post*, August 18, 2016.
- Hanawalt, Barbara A. "Violent Death in Fourteenth and Early FifteenthCentury England." *Comparative Studies in Society and History* 18, no. 3 (July 1976): 297– 320.
- Müller, Wolfgang, et al. "Origin and Migration of the Alpine Iceman." *Science* (2003): 862– 66.
- Nordland, Rod. "Who Killed the Iceman? Clues Emerge in a Very Cold Case." *New York Times*, March 26, 2017.
- Oeggl, Klaus, et al. "The Reconstruction of the Last Itinerary of 'Ötzi,' " the Neolithic Iceman, by Pollen Analyses from Sequentially Sampled Gut Extracts." *Quaternary Science Reviews* 26 (2007): 853– 61.
- Pinker, Steven. *The Better Angels of Our Nature: Why Violence Has Declined*. New York:
- Viking Press, 2011.
- United Nations Ofce on Drugs and Crime. *Global Study on Homicide* 2013 (2014).
- Wrangham, Richard W., et al. "Comparative Rates of Violence in Chimpanzees and Humans." *Primates* (January 2006)

13 現知第一個名字的主人是誰？

- Alster, Bendt. *Proverbs of Ancient Sumer: The World's Earliest Proverb Collections*. Potomac, MD: Capital Decisions, University Press of Maryland, 1997.
- Bohn, Lauren E. "Q& A: 'Lucy' Discoverer Donald C. Johanson." *Time*, March 4, 2009.
- Devlin, Keith. *The Math Gene: How Mathematical Thinking Evolved and Why Numbers Are Like Gossip*. New York: Basic Books, 2000.
- Fischer, Steven Roger. *A History of Writing*. London: Reaktion Books, 2001.
- Graeber, David. Debt: *The First 5000 Years*. Brooklyn, NY: Melville House, 2014.
- Harari, Yuval Noah. *Sapiens: A Brief History of Humankind*. New York: Harper Perennial, 2015.
- Haub, Carl. "How Many People Have Ever Lived on Earth?" *Population Today* (February 1995).
- Nissen, Hans, Peter Damerow, and Robert Endlund. *Archaic Bookkeeping*. Chicago, IL: University of Chicago Press, 1994.
- Renn, Jürgen. "Learning from Kushim About the Origin of Writing and Farming: Kushim— Clay Tablet (c. 3200– 3000 BCE), Erlenmeyer Collection," (2014).
- Sagona, Tony. "The Wonders of Ancient Mesopotamia: How Did Writing Begin?" The Wonders of Ancient Mesopotamia Lecture Series, University of Melbourne. Presented by Museum Melbourne, 2012.
- Schmandt- Besserat, Denise. *How Writing Came About*. Austin: University of Texas Press, 1997.
- Scott, James C. *Against the Grain: A Deep History of the Earliest States*. New Haven, CT: Yale University Press, 2017.
- Shoumatoff, Alex. *The Mountain of Names: A History of the Human Family*. New York: Kodansha International, 1985.
- Stadler, Friedrich. *Integrated History and Philosophy of Science: Problems, Perspectives, and Case Studies*. New York: Springer, 2017.

14 誰發現了肥皂？

- Adams, Robert. *Heartland of Cities: Surveys of Ancient Settlement and Land Use on the Central Floodplain of the Euphrates*. Chicago, IL: University of Chicago Press, 1981.
- Bhanoo, Sindya. "Remnants of an Ancient Kitchen Are Found in China." *New York Times*, June 28, 2012.
- Curtis, John. "Fulton, Penicillin and Chance." *Yale Medicine* (Fall/ Winter 1999/ 2000).
- Curtis, V., and S. Cairncross. "Effect of Washing Hands with Soap on Diarrhoea Risk in the Community: A Systematic

Review." *Lancet Infectious Diseases* (May 2003): 275– 81.

· Dunn, Robb. *Never Home Alone: From Microbes to Millipedes, Camel Crickets, and Honeybees, the Natural History of Where We Live.* New York: Basic Books, 2018.

· Konkol, Kristine, and Seth Rasmussen. "An Ancient Cleanser: Soap Production and Use in Antiquity." *Chemical Technology in Antiquity* (November 2015): 245– 66.

· Luby, Stephen, et al . "The Effect of Handwashing at Recommended Times with Water Alone and with Soap on Child Diarrhea in Rural Bangladesh: An Observational Study." *PLoS Medicine* (June 2011).

· ———. "Effect of Handwashing on Child Health: A Randomized Controlled Trial." *The Lancet* (July 2005): 225– 33.

· Levey, Martin. "Dyes and Dyeing in Ancient Mesopotamia." *Journal of Chemical Education* (December 1955).

· ———. "The Early History of Detergent Substances: A Chapter in Babylonian Chemistry." *Journal of Chemical Education* (October 1954).

· Nemet-Nejat, Karen Rhea. *Daily Life in Ancient Mesopotamia.* Westport, CT: Greenwood Press, 1998.

· ———. "Women's Roles in Ancient Mesopotamia." In *Women's Roles in Ancient Civilizations: A Reference Guide,* edited by Bella Vivante. Westport, CT: Greenwood Press. 1999.

· Sallaberger, Walther. "The Value of Wool in Early Bronze Age Mesopotamia. On the Control of Sheep and the Handling of Wool in the Presargonic to the Ur III Periods (c. 2400 to 2000 BC)." In *Wool Economy in the Ancient Near East and the Aegean: From the Beginnings of Sheep Husbandry to Institutional Textile Industry,* edited by Catherine Breniquet and, Cécile Michel (Hg). Oxford, UK: Oxbow Books, 2014.

· Saxon, Wolfgang. "Anne Miller, 90, First Patient Who Was Saved by Penicillin." *New York Times,* June 9, 1999.

· Tager, Morris. "John F. Fulton, Coccidioidomycosis, and Penicillin." *Yale Journal of Biology and Medicine* (September 1976): 391– 98.

· Wright, Rita. "Sumerian and Akkadian Industries: Crafting Textiles." In *The Sumerian World,* edited by H. E. W. Crawford. New York: Routledge Press, 2013

15 第一個染上天花的人是誰？

· Abokor, Axmed Cali. *The Camel in Somali Oral Traditions.* Mogadishu, Somalia: Somali Academy of Sciences and Arts, 1987.

· Babkin, Igor, and Irina Babkina. "A Retrospective Study of the Orthopoxvirus Molecular Evolution." *Infection, Genetics and Evolution* (2012): 1597– 1604.

· Barquet, Nicolau. "Smallpox: The Triumph over the Most Terrible of the Ministers of Death." *Annals of Internal Medicine* 128 (1997).

· Broad, William J., and Judith Miller. "Report Provides New Details of Soviet Smallpox Accident." *New York Times,* June 15, 2002.

· Bulliet, Richard W. *The Camel and the Wheel.* New York: Columbia University Press, 1990.

· Esposito, J. J. "Genome Sequence Diversity and Clues to the Evolution of Variola (Smallpox) Virus." *Science* (2006): 807– 12.

· Foege, William H. *House on Fire: The Fight to Eradicate Smallpox.* Berkeley and Los Angeles: University of California Press, 2011.

· Goldewijk, Klein, et al. " Long- Term Dynamic Modeling of Global Population and Built- Up Area in a Spatially Explicit Way." *Holocene* (2010): 565– 73.

· Gubser, Caroline, and Geoffrey Smith. "The Sequence of Camelpox Virus Shows It Is Most Closely Related to Variola Virus, the Cause of Smallpox." *Journal of General Virology* (2002): 855– 72.

· Henderson, D. A. *Smallpox: The Death of a Disease.* Amherst, NY: Prometheus Books, 2009.

· Needham, Joseph. *China and the Origins of Immunology.* Hong Kong: Centre of Asian Studies, University of Hong Kong, 1980.

· Prankhurst, Richard. *The Ethiopian Borderlands: Essays in Regional History from Ancient Times to the End of the 18th Century.* Trenton, NJ: Red Sea Press, 1997.

· Wilson, Bee. *Consider the Fork: A History of How We Cook and Eat.* New York: Basic Books, 2012.

· Wolfe, Nathan. *The Viral Storm: The Dawn of a New Pandemic Age.* New York: Times Books, 2011.

16 誰說了現知的第一則笑話？

- Alster, Bendt. *Proverbs of Ancient Sumer: The World's Earliest Proverb Collections*. Potomac, MD: Capital Decisions, University Press of Maryland, 1997.
- Beard, Mary. *Laughter in Ancient Rome: On Joking, Tickling, and Cracking Up*. Berkeley and Los Angeles: University of California Press, 2014.
- Foster, Benjamin. "Humor and Cuneiform Literature." *Journal of Ancient Near Eastern Literature* (1974).
- Friend, Tad. "What's So Funny?" *New Yorker*, November 11, 2002.
- George, Andrew, trans. *The Epic of Gilgamesh*. New York: Penguin Classics, 2003.
- Hurley, Matthew, Daniel Dennett, and Reginald Adams Jr. *Inside Jokes*. Boston, MA: MIT Press, 2011.
- Matuszak, Jana. "Assessing Misogyny in Sumerian Disputations and Diatribes." *Gender and Methodology in the Ancient Near East* (2018): 259–72.
- Mohr, Melissa. *Holy Shit: A Brief History of Swearing*. Oxford, UK: Oxford University Press, 2013.
- Weems, Scott. *Ha!: The Science of When We Laugh and Why*. New York: Basic Books, 2014.

17 誰發現了夏威夷？

- Bae, Christopher J., et al. "On the Origin of Modern Humans: Asian Perspectives." *Science* (December 8, 2017).
- Buckley, Hallie R. "Scurvy in a Tropical Paradise? Evaluating the Possibility of
- Infant and Adult Vitamin C Deficiency in the Lapita Skeletal Sample of Teouma, Vanuatu, Pacific Islands." *International Journal of Paleopathology* (2014).
- Callaghan, Richard, and Scott M. Fitzpatrick. "Examining Prehistoric Migration Patterns in the Palauan Archipelago: A Computer Simulated Analysis of Drift Voyaging." *Asian Perspectives* 47, no. 1 (2008).
- ———. "On the Relative Isolation of a Micronesian Archipelago During the Historic Period: The Palau Case- Study." *International Journal of Nautical Archaeology* (2007): 353–64.
- Collerson, Kenneth, and Marshall Weisler. "Stone Adze Compositions and the Extent of Ancient Polynesian Voyaging and Trade." *Science* (2007).
- Fischer, Steven Rodger. *A History of the Pacific Islands*. London: Palgrave Macmillan, 2002.
- Fitzpatrick, Scott M., and Richard Callaghan. "Examining Dispersal Mechanisms for the Translocation of Chicken (Gallus gallus) from Polynesia to South America." *Journal of Archaeological Science* 36 (2009): 214–23.
- ———. "Magellan's Crossing of the Pacific." *Journal of Pacific History* 43, no. 2 (2008): 145–65.
- Hershkovitz, Israel, et al. "Levantine Cranium from Manot Cave (Israel) Foreshadows the First European Modern Humans." *Nature* (2015).
- Howe, K. R., ed. *Vaka Moana, Voyages of the Ancestors: The Discovery and Settlement of the Pacific*. Honolulu: University of Hawaii Press, 2007.
- Kirch, Patrick Vinton. *A Shark Going Inland Is My Chief: The Island Civilization of Ancient Hawai'i*. Berkeley and Los Angeles: University of California Press, 2012.
- Montenegro, Alvaro, et al. "From West to East: Environmental Influences on the Rate and Pathways of Polynesian Colonization." *Halocene* 24, no. 2 (2014): 242–56.
- National Geographic Learning. "Beyond the Blue Horizon." In *Archaeology: National Graphic Learning Reader Series*. Boston, MA: Cengage Learning, 2012.
- O'Connell, J. F., et al. "Pleistocene Sahul and the Origins of Seafaring." In *The Global Origins and Development of Seafaring*, edited by Katie Boyle and Atholl Anderson. Cambridge, UK: McDonald Institute for Archaeological Research, 2010.
- Reich, David. *Who We Are and How We Got Here: Ancient DNA and the New Science of the Human Past*. New York: Pantheon Books, 2018.
- Sobel, Dava. *Longitude: The True Story of a Lone Genius Who Solved the Greatest Scientific Problem of His Time*. New York: Bloomsbury, 2007.
- *Wayfinders: A Pacific Game*. Produced and directed by Gail Evenari. Arlington, VA: PBS, 1999.

2APB31

史上最偉大的第一次：誰吃了第一顆生蠔？誰講了第一個笑話？
誰劃下了手術第一刀？科學解謎人類史上最值得玩味的大發現

Who Ate the First Oyster?The Extraordinary People Behind the Greatest Firsts in History

作　者	柯迪・卡西迪 Cody Cassidy
譯　者	戴榕儀
內頁設計	江麗姿
封面設計	任宥騰

責任編輯	溫淑閔
主　編	溫淑閔
行銷企劃	辛政遠、楊惠潔
總編輯	姚蜀芸
副社長	黃錫鉉
總經理	吳濱伶
發行人	何飛鵬
出　版	創意市集

發　行　英屬蓋曼群島商家庭傳媒
　　　　股份有限公司城邦分公司
　　　　歡迎光臨城邦讀書花園
　　　　網址：www.cite.com.tw

香港發行所　城邦（香港）出版集團有限公司
　　　　九龍九龍城土瓜灣道 86 號
　　　　順聯工業大廈 6 樓 A 室
　　　　電話：（852）25086231
　　　　傳真：（852）25789337
　　　　E-mail：hkcite@biznetvgator.com

馬新發行所　城邦（馬新）出版集團
　　　　41, Jalan Radin Anum, Bandar Baru Sri
　　　　Petaling, 57000 Kuala Lumpur, Malaysia.
　　　　電話：（603）90563833
　　　　傳真：（603）90576622
　　　　E-mail：services@cite.my

展售門市　台北市民生東路二段 141 號 7 樓
製版印刷　凱林彩印股份有限公司
　　　　2023 年 11 月初版 1 刷
　　　　Printed in Taiwan
I S B N　978-626-7336-29-8
定　價　390 元

版權聲明

客戶服務中心
地址：10483 台北市中山區民生東路二段 141 號 B1
服務電話：（02）2500-7718、（02）2500-7719
服務時間：周一至周五 9：30 ～ 18：00
24 小時傳真專線：（02）2500-1990 ～ 3
E-mail：service@readingclub.com.tw

若書籍外觀有破損、缺頁、裝釘錯誤等不完整現象，
想要換書、退書，或您有大量購書的需求服務，都
請與客服中心聯繫。

詢問書籍問題前，請註明您所購買的書名及書號，
以及在哪一頁有問題，以便我們能加快處理速度為
您服務。

廠商合作、作者投稿、讀者意見回饋，請至：
FB 粉絲團：http://www.facebook.com /InnoFair
E-mail 信箱：ifbook@hmg.com.tw

國家圖書館出版品預行編目（CIP）資料

史上最偉大的第一次：誰吃了第一顆生蠔？誰講了
第一個笑話？誰劃下了手術第一刀？科學解謎人
類史上最值得玩味的大發現 / 柯迪・卡西迪（Cody
Cassidy）著 . -- 初版 . -- 臺北市：創意市集出版：城
邦文化事業股份有限公司發行 , 2023.11
　　面；　公分
譯自：Who Ate the First Oyster?The Extraordinary
People Behind the Greatest Firsts in History.

　ISBN　978-626-7336-29-8(平裝)
　1.CST: 世界史

711　　　　　　　　　　　　　　　112013531